塑造伯乐：
从新手到人力总监

吴 东◎著

当代中国出版社
Contemporary China Publishing House

2020年·北京

图书在版编目(CIP)数据

塑造伯乐：从新手到人力总监 / 吴东著. -- 北京：当代中国出版社, 2020.1
ISBN 978-7-5154-0983-2

Ⅰ. ①塑… Ⅱ. ①吴… Ⅲ. ①企业管理—人力资源管理 Ⅳ. ① F272.92

中国版本图书馆 CIP 数据核字（2019）第 260891 号

出 版 人	曹宏举
责任编辑	陈 莎
责任校对	康 莹
封面设计	创世禧图文
出版发行	当代中国出版社
地　　址	北京市地安门西大街旌勇里 8 号
网　　址	http://www.ddzg.net　邮箱：ddzgcbs@sina.com
邮政编码	100009
编 辑 部	（010）66572264　66572154　66572132　66572180
市 场 部	（010）66572281　66572161　66572157　83221785
印　　刷	北京润田金辉印刷有限公司
开　　本	720 毫米 × 1020 毫米　1/16
印　　张	12.25 印张　1 插页　170 千字
版　　次	2020 年 1 月第 1 版
印　　次	2020 年 1 月第 1 次印刷
定　　价	49.00 元

版权所有，翻版必究；如有印装质量问题，请拨打（010）66572159 转出版部。

前　言

人力资源（HR）管理要从人性化的角度出发，我们可以利用互联网的双向互动功能来增加员工的情感互动。员工情感是通过不断互动加强的，这种员工情感，就是人力资源的重要组成部分，我们甚至可以把它看作人力资源管理的"DNA"。如果把它应用到内部员工的管理系统中，不仅能够完成日常的人力资源管理工作，还可以将员工的职场情商管理工作加入其中，对于团队工作有着积极影响。

第一，管理方式的人性化。

一方面，通过相对娱乐和轻松的方式，让人力资源管理体系以更人性化的方式进行。另一方面，通过互联网管理系统，公司和员工可以实现频繁互动，彼此受益，合作共赢。

第二，互联网实现持续性成长。

组织学习的方式越来越多元化，对企业来说，人才培养没有完美的、一招制胜的方式。以课堂培训为例，学生在课堂上仅能吸取10%的内容，和导师有效沟通之后得到20%，剩下的70%要在解决问题和自我成长中获得。因此，需要借助互联网扁平化信息传播与互动的特点来获取这70%的持续性成长。

第三，建立科学的HR管理体系。

说到底，HR管理是科学的，要合乎规律，还要有一套运作机制。从择人、选人到岗位安排、技能培训，从发放福利到绩效考核，都需要有一套科学的管理方法。在本书中，主要介绍HR管理的九大板块，每一个板块独立且相互关联，形成一套完整的管理体系。

人力资源是一个组织、企业最核心的资源。企业离不开人，各种组织也离不开人。管好"人"，才能让企业、组织健康发展。因此，管理者既要讲究方法策略，又要做好与员工沟通互动工作。员工有了能动性、责任心、归属感，才能为企业、组织创造更大的效益。

与此同时，笔者还要感谢本书的责任编辑以及出版社同仁的鼎力支持。因为你们的热情与专业，才能使本书与读者见面。笔者也想与读者分享几句HR管理感言：

1. 做HR，要心中有爱，目中无人；
2. 千斤重担人人挑，人人头上有指标；
3. 做HR，就要耐得住寂寞，受得了委屈，忍得住诱惑；
4. 最灵活的人把握大局；
5. 如果有不可取代的人，则HR已经犯了管理失败的罪过；
6. 是员工养活了公司；
7. 严格等于大爱；
8. 企业最重要的东西第一是人才，第二是人才，第三还是人才。

目　录

PART 1　互联网时代人力资本发展趋势及伯乐识才的重要性

第一章　传统行业人力资本管理及新发展　　002
　　这是员工第一、人才至上的时代　　002
　　"野蛮成长"下的"人力资源"　　004
　　专业化的"人力资源管理"　　006
　　互联网对人力资源的影响　　011
　　互联网时代的三种组织变革　　013
　　互联网时代 HR 管理的六大模式　　015
　　互联网思维下的人力资源管理到人力资本管理　　017
　　让自己变成伯乐　　021
　　选才的六大维度　　023
　　科学选人的重要性　　027
　　人人皆可成才的"成才观"　　035

PART 2　互联网时代人力资本管理九大板块

第二章　做好规划，规划决定一切　　038
　　互联网时代下的人力生态系统　　038

打造人力资源体系五大意义　　　　　　　　　　040

组织机构设置　　　　　　　　　　　　　　　　042

工作岗位分析　　　　　　　　　　　　　　　　044

劳动定额管理　　　　　　　　　　　　　　　　046

组织定员八大原则　　　　　　　　　　　　　　048

制定人力资源管理制度　　　　　　　　　　　　050

建立选人机制和科学选人观　　　　　　　　　　052

人力资源管理成本的核算与控制　　　　　　　　061

第三章　HR管理重要一环：职业规划　　　　　　063

职业规划的重要性与"五步走"　　　　　　　　063

职业对员工的四大要求　　　　　　　　　　　　066

聚沙成塔的职业规划分类　　　　　　　　　　　068

HR管理者的相关任务　　　　　　　　　　　　070

对职业生涯"三阶段"员工的管理　　　　　　　073

第四章　建立招聘体系，广纳人才　　　　　　　076

互联网时代下的招聘　　　　　　　　　　　　　076

人才招纳需求分析　　　　　　　　　　　　　　078

工作分析与胜岗特征分析　　　　　　　　　　　080

制定招聘制度和流程　　　　　　　　　　　　　082

人员招聘形式和招聘渠道选择　　　　　　　　　084

应聘人员甄选"四部曲"　　　　　　　　　　　086

HR（人力资源）核心工作：留住人才　　　　　089

第五章　设立培训体系，深挖潜能　　092

培训：人力资源管理的得力武器　　092

培训"三要素"需求分析　　096

制订科学的培训计划　　098

培训的"三个维度"和"三个境界"　　100

培训效果评估流程　　102

第六章　构建薪酬体系，留住人才　　105

互联网思维下的薪酬管理　　105

薪酬管理遵循的"六大原则"　　107

广义薪酬：360度薪酬的含义和功能　　109

影响薪酬的十大因素　　111

职位薪酬体系的定义及优缺点　　114

技能薪酬体系的定义及优缺点　　116

能力薪酬体系的定义及优缺点　　118

第七章　借助福利，提升员工忠诚度　　123

世界著名企业的那些奇葩福利　　123

员工福利的六大意义　　125

供员工选择的"自助福利"　　127

养老福利：制定企业年金　　129

医疗福利：补充医疗保险　　131

利润分享：提升员工干劲　　133

第八章　绩效管理：HR另一高招　　136

互联网时代下的绩效管理　　136

绩效管理的八大核心价值　　　　　　　　　　　　138

建立绩效管理系统　　　　　　　　　　　　　　140

明确绩效考核标准　　　　　　　　　　　　　　143

绩效考核方法及其选择　　　　　　　　　　　　145

完善绩效考核程序　　　　　　　　　　　　　　147

绩效考核面谈的原则和方法　　　　　　　　　　150

绩效考核的八大注意事项　　　　　　　　　　　152

第九章　实现共赢：正确处理双方关系　　　　　　155

互联网时代下的劳动关系　　　　　　　　　　　155

明确员工的权利与义务　　　　　　　　　　　　157

确立劳动关系、签订劳动合同　　　　　　　　　160

劳资纠纷的谈判方式和劳动关系改善方法　　　　162

互联网时代下的"心理契约"　　　　　　　　　166

互联网时代下的人力资本共享　　　　　　　　　168

第十章　情感沟通是人力管理之门的钥匙　　　　　171

互联网时代信息化沟通武器　　　　　　　　　　171

沟通的四大目的　　　　　　　　　　　　　　　173

掌握有效沟通的五大技巧　　　　　　　　　　　175

跨部门沟通的八大原则　　　　　　　　　　　　177

互联网时代的"人才激励"　　　　　　　　　　180

合理授权：提升员工能动性　　　　　　　　　　182

感情管理的重要性　　　　　　　　　　　　　　184

PART 1
互联网时代人力资本发展趋势及伯乐识才的重要性

第一章
传统行业人力资本管理及新发展

≫ 这是员工第一、人才至上的时代

许多企业、组织的老总把自己当成"全能战士",认为自己文武双全,没有任何缺点,大事小事一把抓,认为组织离开他便无法运转。曾有一位企业老总说:"企业的核心,是董事会做出的决策。只要决策是正确的,企业就有光明前途。"企业依赖决策,决策是高层领导所做的,这句话否定了员工在企业中的作用。随着时代的发展,尤其是互联网的出现,分工越来越精细,人与人之间、部门与部门之间、企业与企业之间的相互协作也愈加紧密。换句话说,如今的企业不再需要"个人英雄主义",坚持以团队为核心的现代人力资本管理才是大势所趋。

习近平总书记说过一句话:"要着力完善人才发展机制,用好用活人才,建立更为灵活的人才管理机制,打通人才流动、使用、发挥作用中的体制机制障碍。"不难看出,一个企业想要顺应时代发展,就需要打破旧思想、旧体制,建立完善的人才智库,把员工培养成企业的栋梁之材。

俗话说,人无完人。企业老总既不是"超人",也不是"全能战士",甚至有许多不擅长的工作要交给擅长的人去管理、执行，把自己的部下、员工培养成自己的手足，弥补自身缺陷，才能让自己变得"全能"。许多企业领导开始转变思想观念，坚持"以人为本、人才至上"的管理理念，借助先进的人才管理方法培养人才，打造智库，提升企业的创新能力和"造血"能力。有位企业家认为："没有人才的企业，就像一个罹患血癌的患者。"通用电气前CEO杰克·韦尔奇曾经总结："这是一家由众多杰出人物管理的公司。我最大的功劳莫过于物色成批的杰出人物。"无独有偶，有"经营之神"之称的松下幸之助也曾表达"企业即人"的管理理念。

万科集团创始人王石活得非常潇洒，甚至不断转换自己的角色，有时候出去游历、游学，有时候参加娱乐节目，有时候又变成一个攀登者……许多人质疑王石，但是王石有一个人才观："人才是一条理性的河流，哪里有谷地，就向哪里汇聚。"重视人才，分工明确，把不擅长的工作交给擅长的人去做，把员工当成自己的手足，抑或是"合作伙伴"，员工得到尊重，就会爆发出前所未有的责任感和创造力。在他看来，即使自己离开了万科，万科也会健康运转。

现如今，有一个非常时髦的词汇，叫"共赢"。什么是"共赢"呢？"共赢"不仅是一种合作关系，还是一种智慧。俗话说，一个巴掌拍不响。单靠一根竹竿的力量无法搅动整片大海，如果借助无数根"竹竿"的力量，也就是员工的力量和智慧，就能形成合力，成就大事。"共赢"是一种人才管理模式，把员工当成另一个巴掌，才能产生共鸣。与"共赢"相互依存的，还有一个词汇，叫"共生"。事实上，老板与员工就是这样一种特殊的"共生"关系。老板为企业掌舵，员工为企业划船出力。只有方向一致、目标一致，齐心协力，才能劈浪前行，打开新局面，创造奇迹。

与此同时，"员工是企业的台柱子"这句话再一次被广大的企业领导所提及。在一个公司，老板只有一个，员工却有很多。除了"决策"之外，大大小小行动职能都需要员工来执行。没有员工的"手脚"，老板就像一位被剥夺权力的光杆司令。员工第一，老板第二，这样的观点是科学而合理的。

习近平总书记还提出，破除体制障碍，让用人单位放权，为人才松绑，才能让各方面人才各展其长。只有真正把员工当作企业的"台柱子"，把人才看作企业发展的"血液"，健全人才管理体系，完善人力资源建设工作，顺应时代潮流，才能突出重围，成就卓越。

▶ "野蛮成长"下的"人力资源"

"野蛮成长"这个词，非常有意思。我们可以把"野蛮成长"看作颠覆传统的、信马由缰的。万通董事长冯仑在《野蛮成长》一书中写道："民营企业应管理好自己的欲望，明确好自己的目标，合理架构组织，认真追求绩效。"有了这样一种压力和使命，一个企业才能蜕变，才能真正"野蛮成长"。

除了拥有"野蛮成长"的欲望外，老板才是企业最大的"人力资源"。这句话该如何理解呢？难道一个人就能成为"资源"吗？有人会质疑前文所提到的：老板不是"超人"，没有三头六臂，不可能身兼数职，一个人做不了企业所有的工作吗？难道一边做决策，一边还要做"保安队长"？但话又说回来，老板是企业的管理者、组织者、决策者、发号施令者、资源分配者……从某个角度上看，老板是企业的"大脑"，"大脑"可以决定企业各种资源的分配。如果一个企业没有老板，就是"群龙无首"，终会乱作一团。因此，老板是企业的"中枢"和"司令部"，也就是整个企业的"人力资源"。但是"中枢"需要神经和肢体，"司令部"需要部队。在一个企业里，中层干部相当于神经，起到"上传下达"的作用；员工相当于肢体，是具体干活的人。老板需要中层干部和员工，优秀的中层干部和员工相当于人才。

俗话说，人才就是钱财。许多老板都明白这句话的意思，他们大多喜欢人才，珍惜人才，能够把"人力资源管理"放在很重要的位置，甚至许多老板也是"企业HR战略"的推动者。虽然老板不是"超人"，但是能够把某些工作授权给有一技之长的人，就是对"企业HR战略"的一种支持。作为一名企业老板，做好以下四点就能为企业打造智库。

一、学会择人

择人是一项本领，古人称之为"慧眼识人"。一个老板，一定要练就择人的火眼金睛。通常来讲，那些高学历者、高能力者、有工作经验者、在某些方面有突出贡献者，人品好、适应能力强、忠心耿耿、没有不良从业记录者……这一类人，通常是老板的首选。

二、学会用人

古人常说，"用人不疑，疑人不用"。这是一种用人智慧。还有人说，"用人也疑，疑人也用"。这同样也是一种用人智慧。不管是用人不疑，还是疑人也用，老板在用人过程中应该"张弛有度"，既要授权也要控权。有一个企业老板讲过这样一句话："用人就像放风筝，一边放，一边收，收放自如，才能把风筝放好。"另外，授权也是一种信任和尊重，给足员工面子，员工也会给足你面子。

三、学会育人

就像老师培育学生一样，只有把员工当成"学生"不断进行培育，才能实现企业内"再造人才"的目标。大多数人才并非天生的，而是经过后天学习、培训、技能强化等实现的蜕变。世界知名企业几乎都在做人才培训工作，甚至把"育人"上升到战略发展高度。如果不育人，只是吃员工的"老本"，"老本"早晚有吃完的一天。"老本"吃完了，企业发展也就停滞不前了。

四、学会留人

常常能听到某些老总们抱怨：某某骨干跳槽了，再想找这样一个人就难了。回过头我们还要重新审视这个问题：为什么这些企业留不住人才？是不信任对方，还是薪水给得少了？是没有满足其成长要求，还是原本就没有员工成长平台呢？许多老板总是强调自身的局限性，而忽略人才的愿景。久而久之，就会出现某某骨干跳槽了，给该企业留下一个难以填补的"烂摊子"的问题。因此，企业老总要重视人才的愿景，给他们提供成长平台和表现舞台，满足他们的需求，才能留住人才，让他们为企业继续贡献力量。

一个企业的核心竞争力是"人才储备"。"人才储备"越足，企业竞争力越强。"野蛮成长"的企业更加需要团结力强、能征善战甚至可以随时为老板"挡枪子儿"的员工，这些员工才是企业发展所需的"人才"。因此，企业老板一定要认清这个问题，把"人才储备"上升到战略管理高度，打造一支能够为企业创造价值的 HR 管理团队。只有这样，企业才能持续发展，才能"野蛮成长"！

▶ 专业化的"人力资源管理"

许多老板把人力资源管理当成一种简单粗暴的"管理"。简言之，就是老板下达命令，员工无条件执行。有一个企业老板特别重视"人"的管理（所谓"人"的管理，就是让员工听话，让员工表达忠心）。于是，他采取了很多措施，如批评、罚款等。这位老板认为："管人就是靠手段和权力，没有那么多招式！"最后，有点本事的员工纷纷选择离职、跳槽，成了"铁打的营盘流水的兵"。还有一些企业，虽然设有人事部，但是人事部形同虚设，根本起不到人力资源管理的作用。人浮于事的现象严重，企业竞争力不强，即使换掉现有干部、员工，也无济于事。说到底，也是管理不专业造成的。

当下是"员工第一、人才至上"的时代。企业管理者不仅要为人才"松绑"，更要为人才"服务"。某企业家说过："企业离不开员工，更离不开有才能的员工。因此，企业要培养自己的人才，留住这些人才，让这些人才发挥能量！"如何才能选才、用才、育才、留才？如果没有专业化的"人力资源管理"，也就无法做到人尽其能、物尽其用。

从人事管理、人力资源到如今的"人力资本"时代，HR 管理已经走过了三个阶段。如果人事管理仅仅只是"人力资源管理"的基础工作，那么在"人力资本"时代更需要管理者从提高员工的核心技能、追随力入手，把人力当成一种可增值的发展力，才能做好人力资源管理工作。专业化的人力资源管理有哪些具体表现呢？通常体现在以下三个方面。

一、转化价值

前不久，某企业老板邀请国内知名培训师为其骨干员工进行"价值转化"的培训，一方面是想提高员工的修养，另一方面则是让员工能够将个人愿景与企业愿景结合在一起，找到一个共同发展、共同进步的"点"。转化，就是将员工的技能、责任感、团结力转化成企业所需要的能量和价值。员工转化输出的效率越高，企业得到的价值就越大。这种"转化"技术就是人力资源管理课程中的一项核心技术，是一种"专业"的体现。

二、责任价值

许多企业老板常常抱怨员工责任心不强，或者做事不负责任，丢三落四，这样下去，根本无法为企业创造价值。人们常说，对待事情，要用"一分为二"的眼光去看待。员工责任心不够，是不是属于"人力管理"范畴内的责任呢？如果管理者没有相关方面的培养和干预，没有激发员工产生责任感的机制，又如何调动员工的责任感呢？换句话说，还是要有科学的责任激发机制，促使员工具备责任意识，产生责任价值。

三、文化价值

文化是软实力，企业文化的厚度决定一个企业发展的高度。有这么一句话："构建文化，是一种专业的体现，文化的'闪光点'可以在每一个成员身上显现出来！"当一个企业发展遭遇"瓶颈"，想方设法挖掘人背后的文化价值，就显得非常重要。我们看到，许多世界知名公司为员工搭建"提升文化实力"的平台,从心理学培训到教练技术的传授,其目的在于让员工成为企业文化基石的具体"搭建人"。与企业共同搭建文化堡垒,就能够成为企业文化的"一分子",并因此产生积极的影响。

企业的一切问题都是"人"的问题。对于这个棘手的问题,企业管理者必须掌握专业化的人力资源管理的武器,才能解决企业相关问题,体现人力价值。但是,如果从职业角度分析,人力资源管理也是一项"业务"。就像一名销售人员向客户推销产品那样,人力资源师需要挖掘员工的各种潜能,然后给企业老板一个交代。如今,"伙伴"这个词成了合作的代名词。销售员与客户是一种"伙伴"关系,人力资源师与企业老板也是一种"伙伴"关系。

首先,人力资源管理是现代管理所衍生出的"角色管理",这种管理以人为中心,采取一定的手段转化人的价值,继而为企业增值。因此,这个"角色管理"为企业提供了一项服务,或者说是一项业务。这项业务需要管理者或人力资源师做好五件与之相关的事。

(1) 了解行业环境和现状。比如,互联网时代下的新常态经济对许多行业产生了巨大影响。只有对行业进行深入了解,才能找到市场规律,做出相应准备。

(2) 调整布局,对相关资源进行重新分配。比如,一家以传统代加工为主的企业,逐渐加大研发力度,走技术研发代替传统代工之路。这种调整转变需要管理者或人力资源师对人力资源进行重新配置和规划,从而达到转型调整的目的。

(3) 找到行业盈利模式。或许有些人会质疑:商业模式与用人模式风马牛不相及,怎么能将这样一项业务粗暴地划分到人力资源管理的范畴呢?事实上,一个企业的人力运行成本能够占到整个企业运行总成本的20%以上,甚至更多。在"微利时代",找到盈利模式,把人力成本转化成人力增值,同样是人力资源管理所致力的重要课题之一。

(4) 打造综合平台。这个平台,不是一个功能单一的平台,而是一个"综合型平台"。第一是"培养平台",为企业打造类似于人才"孵化器"的装置;第二是"愿景平台",就是管理员工愿景,让员工有归属感;第三是"价值展现平台",其目的是让员工实现自身价值。

(5)引进一套工具或者打造一套方法。人力资源管理同样需要借助"工具"来提升管理绩效。打造一套方法,就是建立一套科学的管理体系。借助体系夯实业务可以大大提高人力资源管理的专业水准。

其次,管理者或者人力资源师要分析并找到企业择人、用人、育人、留人存在的"痛点",制定解决方案,解决企业"用人难、难用人"等难题。因此,管理者要进行以下四步工作。

第一步,制定HR管理目标。俗话说,目标是方向,有了目标才能解决问题。管理者制定HR目标时,应该与其他管理目标相结合,比如,销售目标、财务目标、生产目标等,把这些目标当作制定HR目标的关键参数,从而制定出科学有据的目标。

第二步,制定HR行动方案。有了目标,就需要一个执行方案。这个方案不是泛泛而来的,而是根据企业的实际经营状况、人员配置、外部市场状况等进行分析、归纳、总结出的一套切实可行的执行计划。

第三步,进一步萃取HR需求。有位企业家讲过:"以发展的眼光看待管理,就是要不断提炼,不断找到成长点。"一个企业发展到某个高度,就会遇到"制约发展"的问题。因此,需要管理者和人力资源师进一步萃取HR需求,优化人力资源配置,消除企业发展中的不利因素。

第四步,制定HR效果评估方案。每一个阶段都要进行HR目标比对工作,然后对结果进行评估。评估的目的就是进一步完善HR行动方案,提高员工的能动性,激发员工潜能。

HR本就是一项业务!最初,管理公司向合作伙伴提供解决方案,解决人力资源配置和转化的问题。如今,绝大多数企业拥有自己的HR部门,更拥有具备相关管理经验的专业性人才。坚持"以业务为导向"的HR管理,更能够体现HR管理的专业性和科学性。但是,随着时代发展,人们的教育程度、思想观、价值观、对事物的认知及个性都有明显的变化。举个例子:"50后"思想保守,穿衣打扮颜色单一；"60后"的价值观念有了较大的变化；"70后""80后"赶上改革开放，着装更加时髦，而且学历、见识也有明显提高；"90后"，完全是展现个性的一代。当下企业，"80后""90后"逐渐成为企业的"主力军"，如果依旧按照传统的人事管理办法进行管理，恐怕是行不通的。因此，企业还要采用一种"个性化"的人力资源管理模式，尊重个性等同于遵循科学。个性化的人力资源管理模式，也是一种专业的人力资源管理模式。

有家公司主营传统服装加工、销售，营销方式依旧沿用传统"代理"和"加盟"的方式。随着互联网时代的到来，电商逐渐取代了传统渠道，致使这家服装公司效益大幅度下滑。这家公司有几个年轻人，也开始尝试互联网营销。公司老总为了鼓励他们进行尝试，为他们配备先进的计算机设备，并承诺：如果取得突破，便给予高返点奖励。

此时，出现第二种声音。许多"老人"对于年轻人的尝试给予讽刺。比如，有人评价上班玩电脑完全是违反组织纪律的行为；甚至有人向上面反映：应该进一步强调管理纪律，个性变不成财富。这位老板却有非常好的眼光和对待年轻人的态度，他坚持认为："年青一代，就应该发挥个性，给予他们信任，让他们实现个人理想。"

正因为如此，几个年轻人在老板的"授权"下继续尝试。三个月之后，开始慢慢产生效益。几年后，这家服装公司的线上销量超过了线下。对待不同个性、不同年龄的员工选择不同的管理方式，正是这家公司转型成功的重要因素。

人力资源管理并不是简单的招聘、发工资，也不是统一化的管理，而是要想方设法满足每一名员工的需求，让员工得到真正的尊重和充分体现价值。比如，"90后"员工大多数是独生子女，总会给人一种自理能力差、个性强、不能吃苦耐劳、不善于配合等印象。这些坏印象也会给管理者带来一种疑问：难道"90后"员工真的问题很多？抛开这些缺点，"90后"员工还有很多优点，比如，自主意识强、接受新事物的能力快、敢于创新、视野开阔等。如果管理者采取个性化的管理方式，发挥他们的特长，就能发挥他们的优势。

个性化的 HR 管理还有一个特点，就是让员工学会自我管理。自我管理，就是自己管理自己，自己做自己的 HR。企业管理者应该赋予员工更多的自我管理权，而不是直接进行干涉和处理。有一些聪明的管理者会采取一种民主制度，让员工参与各个环节的决策讨论。另外，管理者还应该提供"自我管理"的培训机会，让员工学会自我管理，学会如何从自我探索、自我学习过程中发现自己的价值，深挖自己的潜能。

企业管理者想要做好人力资源工作，需要根据员工的兴趣、特长、工作方式、思想状态等量身定制 HR 管理方案，另外还要坚持科学的管理，解决企业的用人痛点，只有这样，才能把 HR 管理工作做到位。

互联网对人力资源的影响

谈到"互联网"三个字，人们总会联想到计算准确、方便快捷、去中心化、自由时尚、平台分享、色彩斑斓、凸显个性等词汇。互联网的到来，确实改变了人们的工作和生活。前几年，"互联网+"开始盛行，许多行业的领导者都希望借助互联网的力量重新引领时代潮流。许多企业引入互联网管理工具，不但解决了管理难题，还尝到了不少甜头。

举个例子，有一些传统生产加工企业面临招聘难题，一些常年跑劳务市场的 HR 专员也发出感慨："从事生产加工工作的人越来越少，劳务市场几乎看不到前来应聘的人。"不是前来应聘的人少了，而是选择"网上投简历"的人多了。互联网将招聘搬到了线上，许多年轻人在网上投递简历，既方便，又精准，还省时间。许多面临招聘难题的企业，也将招聘信息挂到相关网站上，通过网络渠道招聘新员工。

另外，互联网也使人才流动变得更加快速。比如，某企业高级工程师因为遭遇职场"瓶颈"，想要换份工作。于是他迅速从网上找到合适的企业，并精准投递简历，不到一周时间便换了一份新工作。还有一些管理公司寻找目标伙伴也是通过互联网快速检索，获取新伙伴、新合同。互联网时代，让人才交流更加方便、更加快捷。有一位企业家说过："互联网可以让你快速得到一名人才，也会让你马上失去一位人才。"互联网时代，人才成了一种快速流通的"稀缺资源"，因此我们也要用一种新视角去重新衡量 HR 管理工作。通常来讲，互联网给人力资源管理带来两个"角色"上的转变。

一、员工变成了"合作伙伴"

过去，企业员工就像签了"终身契约"的职场人，进入企业后，要不遗余力、奉献一切。在企业里，他们听从于上司的吩咐，对于命令要无条件执行。从价值观上讲，"舍小家为大家"才是榜样。如今，员工身份发生了变化。互联网时代，员工更像一个合作者，合作就是为了给企业增值。甚至有人说，员工是一件"特殊商品"，这种"商品"一旦体现价值，企业就会受益。互联网让员工变成了一种"可流动的资源"，如果员工个人愿景没有实现，就会快速选择另一家企业。因此，互联网让这种"终身契约"变成了历史。除此之外，员工身上所承载的技术含量也越来越高，越是技能出众的人才，流通速度也就越快。在知识决定命运的时代，大多数企业管理者对人才更是求贤若渴。许多企业老板用高薪、福利、晋升平台作为"诱饵"吸引人才，更是把他们当成自己的"合作伙伴"。

二、员工变成了"推动助手"

过去人们曾说"老板是舵手，只有舵手才能推动世界。"强调老板是凭一己之力就可以改变格局、推动发展的人。互联网出现之后，这种局限的认知被彻底打破。企业发展，靠的不是一个人的能量，而是众人合力的结果。随着时代发展，越来越多的员工有了自己的认知和理想，那些所谓的"洗脑经"也越来越不起作用！一方面，他们不想被定义；另一方面，他们希望得到认可。就像一位员工的发言："我们不是路人甲，我们是潮流引领者，是推动世界的人！"互联网打破了这种主仆关系抑或雇佣关系，让员工充当老板的助手，至少以"配角"身份出现在自己的职业生涯里。与此同时，管理者的角色也发生了变化，他们不再是掌握员工命运的"皇帝"，反而变成了员工的朋友、教练、合伙人、组织者等。

互联网对 HR 管理的影响是全方位的，比如，对组织结构、价值体系、人才激励的影响。这就需要企业管理者迅速转变，重新建立一套符合互联网特征、顺应时代潮流的 HR 管理体系。

互联网时代的三种组织变革

互联网促使人力资源时代向人力资本时代转变。这里有两个名词，即人力资源与人力资本。两者一字之差，却有天壤之别。所谓人力资源，就是把人才当成"资源"，这种"资源"就像石油、天然气那样，哪里有用哪里搬，不需要加工，只需要开采，不以个人意志为转移。人力资本呢？则是把"资源"进行深度开发，将资源变成资本。互联网时代，企业管理者渴望人才价值转化，希望人才能够为企业创造更多财富。

资源转化为资本，本身就是一个持续增值的过程。互联网的作用就是让管理者与执行者之间的关系变得更加简单、纯粹，或者说完全是以一种"价值关系"存在。基于此，组织结构也会发生变化。通常来讲，互联网时代存在三种组织结构。

一、组织结构扁平化

何为"扁平化"的组织结构呢？打个比方，就是将"千层饼干"进行压缩，让"千层饼干"变成"压缩饼干"。结构空间被压缩至扁平状，减少了结构层，也就是"管理层"，让管理更加简单、高效。这种扁平化的组织结构更容易提高"管理—执行"效率，让管理变得更加纯粹。

举个例子：传统企业的组织结构是职能式的，一级压一级，一层压一层，给人的印象就是"管理金字塔"！管理层越多，管理障碍也就越多。一名业务员报批签字，需要层层审核，效率极其低下……一个业务报批恨不得要历经"九九八十一难"，过程堪比西天取经。

如今，互联网让人们认识到什么是效率、什么是服务、什么是价值。只有让组织结构变得简单、纯粹、高效，一切围绕客户服务进行的管理才是组织结构未来的变革方向。

二、组织结构利益共享化

前面我们讲过，新时代人力资源的变革就是把员工当作"合伙人"，而非雇员。能够让员工主动积极地创造财富与员工被动完成任务，这两者是完全不同的。有一位上市公司的老板讲述："股份制前与股份制后，员工的表现完全不同。股份的存在，让他们感受到自己才是财富拥有者。打工心态没有了，主人翁心态回来了！"

因此，我们看到越来越多的企业老板"分红分股"，甚至让员工参与企业决策，给员工名副其实的"名分"。员工有了安全感，与企业建立情感纽带，并且成为企业发展的主导因素。这种利益共享，不就是互联网的特征之一吗？想要让企业做大做强，利益共享的组织结构是未来的变革方向。

三、组织结构创客化

"创客化"这个词很有趣，就是让员工在组织结构中变成一名"创业者"，用"创业精神"去创造价值。一名创客想要取得成功，就需要调动自身所有的优势，比如，知识、特长、耐心、勇敢、判断、创新等。创客不仅能够成为企业内的"创业者"，还能成为引领企业的"导航者"。

"创客"是一种个性，这种个性与互联网的特征极其相似。海尔集团首席执行官张瑞敏认为："员工创客化，人人都是创业者。"当然，这需要企业管理者给予员工充分的信任和授权，让员工变成团队内的"独立个体"，充分发挥这种

"独立个体"的创造能力和创收能力。还有一些企业，进行大幅度"去管理化"的组织结构调整，其目的也是把传统企业改造成"孵化器"，发挥员工的自主意识，让员工主动创造价值。

互联网的最大特点就是"去中央集权化"，让利益变成分享、共享、共生利益，让企业形成一个"生态圈"。因此，互联网时代的组织变革势在必行！

互联网时代 HR 管理的六大模式

互联网之所以成为热度最高的词汇，是因为互联网已经完全融入人们的工作生活中。人们离不开互联网，借助互联网可以完成许多过去不可能完成的事情。比如，应聘找工作、基于互联网人力资源分配的管理与应用等，甚至连工作审批流程也完全可以上网审批，高效又便捷。据人社部统计：2016 年，全国各用人单位、中介通过互联网发布岗位招聘信息高达 28518 万条，应聘人员通过互联网发布应聘信息高达 59208 万条。

有这样一种观点："虚拟时代，人才也是虚拟的！"我对这个观点的理解是，人才作为一种资源或者资本，在互联网时代，完全成为一种"线上"优势资源。这种资源流动性大，渗透性强，就像一粒种子，遇到适合的土壤，就会马上"生根发芽"。尤其对于那些高精尖人才，堪称"一人等于五个师"。这样的人才一旦来到"线上"，就会成为抢手货。从经济角度讲，人才是一种战略资源、稀缺资源，这种资源就像互联网中有价值的"数据库"，可以为企业持续不断地创造财富。因此，能够把有效的人力资源转化成为有形的数字财富，就是当下企业管理者应该思考的问题。互联网时代有以下六种 HR 管理思维模式。

一、员工是客户

互联网的出现，完全把企业变成一个"生态组织"，在这个组织里，管理者变成生态组织的保护者和园丁，员工则像客户那样，成为被服务的对象。员工是客户，老板需要把员工当成"上帝"来对待。如果老板能够留住这些"上帝"，让"上帝"高兴，"上帝"就会以"工作"的形式埋单。有这样一句话："老板是保姆，为员工提供保障性服务。"一个企业，真正的财富创造者是大量的员工，而非老板个人。为员工提供服务，让员工参与企业的发展与设计，是未来的管理模式之一。

二、互联网人力数字模型

互联网的另一个特点就是数字化。任何信息，都可以以数字的形式在互联网上传播、储存。另外，互联网还具有精确计算、储存数据的功能。举个例子：某企业采用互联网技术收集员工相关数据，比如，员工的年龄、爱好、特长、工作特点、工作愿景等，将这些数据进行归纳、整理，再与岗位、职位进行逐一匹配，从而让每一名员工出现在最合适的岗位上。借助相关软件，企业管理者就能够建立特有的人力数字分析模型。

三、情感沟通价值

有一位企业家，他在微信上创办了两个群，一个是董事会群，一个是"公司一家亲"群。这位企业家充当群主，常常与群内的干部、员工交流感情。互联网提供了这样一个媒介，让高层与基层可以零距离接触。有一位企业员工说："在微信群里，我们与老板的关系是'群主与群成员'的关系，这种关系是平等的关系，不存在上下级之别。在群里，大家反而可以进行零距离沟通。"互动是产生情感的基础，由情感延伸出的价值则会给企业发展带来更高的收益。

四、体现"个人"价值

过去，我们常用"老黄牛"来形容那些默默无闻的员工。似乎默默无闻、能够体现集体价值才是个人价值所在。互联网时代彻底颠覆了这种观念。如今的员工，是极具时代特征的员工。能够实现个人需求、体现个人价值，才能够让他们发挥更大作用。互联网的出现，恰恰提供了这样一个机会。比如，有的企业为员工搭建"互联舞台"，让员工们展示自己的风采。员工通过"展示"满足了个人实现自我价值的需求，并以此展示自身价值。

五、跨界模型

互联网最大的特点就是没有边界。在一个企业中，员工虽有岗位区别，但是服务宗旨只有一个，那就是"服务客户，创造价值"。在这个 HR 模型中，每一名员工都是人力资源价值链上的一个"点"，这个"点"既独立，又与整个系统相互关联。或者说，某岗位链条上的员工可以随时"跨界"进入到另外一个工作领域内，与其他岗位链条上的员工共同完成某项工作。这个"点"可以出现在任何一种业务里，只要价值链滚动到这个"点"，这个"点"就会发挥作用。

六、价值匹配与分享

互联网的出现，也打破了过往不变的利益分配方式。从古到今，人们走过平均分配、按劳分配等方式，互联网则让这种价值分配方式变得更为"激进"。在一个企业中，倘若一个人能够创造巨大利益，这个人将会成为巨大价值的拥有者。互联网把一个人的价值公开、放大，也让员工随时参与到财富分享之中。在这种模式下，员工成为自己的 CEO，自己为自己打工。

互联网带来的不仅是创新，更多的是颠覆。管理者应该抓住互联网带来的契机，进一步深化改革，打造有特色、高效的 HR 管理模式。

▶ 互联网思维下的人力资源管理到人力资本管理

什么是互联网思维？顾名思义，互联网思维就是基于互联网的一种生存法则。从平台方面讲，互联网可以让人们快速得到资讯、享受到便捷的服务和体验；从技术上讲，互联网技术是去中心化的、没有边界的，它不依赖于某个

"点"或者"线",而是通过融合实现线上、线下资源共享。也许有人会有疑问:既然互联网思维有悖于传统,不依赖于某个点,是不是降低了一名人才在组织内的贡献值和作用呢?事实上,这些"点"可以看成某一个员工或者团队,只是管理者通过一定的组织管理形式将这些"点"联结起来,形成一张涵盖技术、信息的网,这张网就能够为企业创造巨大利益。互联网思维,其实更能够体现一个人的价值,这种个人价值就像去中心化网络中的一个"点",这个"点"仍旧是独立的、个性的、闪光的。

互联网思维下的人力资源管理等同于"互联网+HR"的概念,就是把互联网思维特点融合到人力资源管理当中。那么,如何才能在人力资源管理中体现互联网思维的特点呢?

一、建立平台

互联网思维也是一种平台思维,这就需要管理者为企业搭建一个平台。例如,许多企业每年进行夏季招聘,如果没有自主招聘平台,就只能选择去招聘会或者委托第三方进行招聘。如果自己有招聘平台,就可将招聘的主动权握在自己手里。再比如,许多企业为了便于员工培训,便搭建"培训平台"。通过这个平台,员工可以得到成长。搭建不同的平台,让各种平台解决不同的问题。因此,搭建平台便是一种互联网思维下的 HR 管理方式。

二、找到需求

更多时候,企业管理者用命令掩盖需求。也就是说,老板让你做什么,你就做什么。事实上,员工同样有需求。从严格意义上讲,世界上每一个人都有需求。如果我们了解马斯洛的"需求层次论",就知道每一个人都有不同的、呈阶梯状的需求。员工的需求,就是人力需求。把员工当成"客户",为员工设计职业生涯规划,倾听员工的需求,通过这种方式去激励员工,让员工释放更多能量,并满足员工的需求,这也是一种互联网思维下的 HR 管理方式。

三、快速催化

某位企业员工发牢骚："我们的老板不讲信用，承诺的超产奖金呢？怎么不兑现了呢？早知道老板耍赖，我们就不那么拼命工作。"这种老板不讲信用的例子，似乎成了社会常态。互联网思维，就是对服务、信用、需求做出快速反应和兑现，然后收集员工的体验，建立评估体系。如果引入了互联网思维，恐怕就不会再出现"信用危机"了。有人问："为什么互联网可以提高'信用'呢？"试想一下，如果员工与企业签署的是一种"互联网信用协议"，员工完成了任务，"互联网信用协议"将会自动开启，并按照相关约定由相关"程序"直接完成奖金兑现会怎样？在实施具体管理的过程中，也可以利用互联网思维对"客户"快速做出反应，通过高质量的服务将客户需求转化成企业利润，并赢得客户的信任。

另外，互联网思维还带来了一种"极简主义"！所谓"极简主义"，就是简单到极致的追求。它要求企业管理者把 HR 看成一个纯粹、直接的东西，更能够体现、肯定人的价值，让一切管理变得更加简单、高效。互联网时代，没有权威，只有价值调配权。这种"极简主义"的 HR 管理理念，恰恰是现代企业所迫切需要的管理理念。

如果人力资源是互联网时代之前的产物，人力资本则是在互联网时代刚刚兴起的产物。传统的人力资源，只是把人当成一种"资源"，如果资源没有被进一步开发，价值是固定不变的。例如，一家企业有 100 名员工，如果实现年营业额 1000 万元的销售业绩，一名员工创造的价值是 10 万元。10 万元的人力价值，就是人力资源价值的体现。但是这样的价值，永远是"固定"的，甚至很难突破。互联网时代下的人力资本则不同，它把人看作一种资本，这种资本是一个变量，如果员工的需求得到满足，愿景得以实现，工作激情得以释放，这种资本就会实现倍增，就像股票逢牛市一样"野蛮"成长。

人力资本是人力资源走向高端层次的体现。随着互联网对社会资源的整合，人力资源也被重新整合上线。每一个职场人都成为互联网线上的一个"数据"，这个"数据"很容易通过检索、优化，寻找到匹配度极高的用人单位。这种方式，不仅节省了大量时间，而且能够使人力价值最大化。职场人找到最合适的工作，会因此展现出自身价值。Infor 大中华区总监鹿崇也这样认为："认真对待并善于对员工进行投资的 CEO 明白，员工的经验是最为宝贵的。因此从招聘、入职前、入职、更换岗位到离职或退休，他们会利用高效的人力资源管理工具，挖掘并重复利用这些信息，让员工找到自己最适合的岗位。"能够让员工出现在自己最擅长的岗位上，就是人力资本管理的一种体现。而这样的管理理念，恰恰与互联网思维相一致。

某家知名的生物制药公司，公司老板从某招聘平台招聘到一名海归博士。这位海归博士曾经在国外多个著名的生物研究所担任研究员，有着非常光鲜的履历和优异的科研成绩。为了能够吸引这名海归博士，公司老板不仅开出百万年薪，而且还赠送其一套 160 平方米三室两厅的商品房。

这位海归博士接受了该公司老板的邀请，担任该生物公司研发部门的首席研究员。就像公司老板所言："像他这样的人才，不仅世间罕有，而且全世界都在争抢。如果今天离开我家大门，明天就可以找到更好的落脚点。"这位海归博士同样不辱使命，不仅实现了承诺，而且为该生物制药公司研发了多款有市场竞争力的药物和保健品，给该公司创造了数千万元的纯利润。与此同时，公司老板给予海归博士"技术入股"的奖励，让其成为该公司的大股东之一。

从这个故事里不难看出，人力资本已经成为企业创造财富的主要因素。人才，作为知识技能与改革创新的代表，决定着企业未来发展的方向。老板与员工的关系，已经不是一种单纯的"雇佣与被雇佣"的关系，而变成一种资本共享、相互合作的关系。另外，人力资本拥有与货币资本一较高低的实力。一方面，人力资本具有创造货币资本的属性；另一方面，人力资本还是货币资本的管理者和拥有者。事实上，互联网时代就是一个以知识为载体的时代。人，作为"知识"的另外一种载体，与互联网不谋而合。因此，人力资本将决定这个时代的价值走向。人力资源管理走向人力资本管理，同样也是时代发展的结果。

让自己变成伯乐

唐代大文学家韩愈在《马说》中有这么一句经典的话："世有伯乐，然后有千里马。千里马常有，而伯乐不常有。"这句话告诉我们，能够辨才、识才的人，同样是一种稀缺资源。记得有一位企业老总，不知是"老眼昏花"，还是"运气不佳"，连续高薪请了3名职业经理都无法胜任职务。说到底，还是自己的选人环节出了问题。

伯乐与千里马，可以说是"黄金搭档"！在企业中，伯乐是管理者，千里马是执行人。从管理到执行，工作越顺畅，效果也就越好。有些管理者总是抱怨："都说千里马常有，为何我就没有碰到？"互联网时代，挑选千里马几乎成"海选"态势。如果依旧找不到千里马，只能说明你不是一名伯乐。用一句玩笑话说：你可能被"一叶障目"了。那么，如何才能让管理者成为一位互联网时代的伯乐呢？通常来讲，作为一名伯乐要做好以下四点。

一、大度包容

俗话说，金无足赤、人无完人。世界上，没有十分完美的人。记得有一位企业家谈自己的择人观："如果你不能容纳对方的缺点和错误，你永远也选不到合适的助手！"毛主席曾说："度量大如海，意志坚如钢。"任何人都有可能得罪你，招致你的厌恶，如果没有度量和容人之心，又如何选到合适的人才呢？因此，管理者要学会放下偏见和摘下有色眼镜，取人之长，用人之长，用管理之道和胸怀去"扬长避短"，发挥人才特性。另外，"护犊子"并不是坏事。能够维护"千里马"的利益，给"千里马"一个怀抱，更能够激发千里马的斗志。

二、成人之美

成人之美是一种美德，成人之美是一种赠人玫瑰、手留余香的行为。举个例子：在一个企业年会上，某年度销售大王成了主角，不仅获得年终奖励10万元，而且还得到老板的追加奖励——日本丰田汽车一辆。有人向老板提议："员工再怎么厉害、风光，不也是您提供的平台？主角依然是您！"但是这位老板坚持认为："员工能够成为企业之主角，是企业之幸，难道我们不应该给予掌声吗？"当下许多干部都把自己当成主角，将其他人视为配角。别说"成人之美"，不"落井下石"就已经不错了。适当给予"千里马"主角光环和掌声，等同于给"千里马"勇气，才能让"千里马"展现价值。

三、搭建平台

"千里马"没有涌现出来，是因为根本没有预先铺设的"赛道"。有句歌词是"爱上一匹野马，可我家里没有草原。"因此，想要留住"千里马"，就需要给"千里马"一个平台。"种下梧桐树，招来金凤凰。"企业管理者，很重要的一个任务就是种下梧桐树，搭建好平台。没有好平台，如何招徕人才呢？所以，企业管理者要利用一切企业资源，疏通引人渠道，完善引人机制，为"千里马"做好保障工作。只有这样，"千里马"才能安营扎寨，舒心工作。

四、学会育人

许多"千里马"在没有成功之前，或许是一匹普通得不能再普通的马。既然如此，它如何实现逆袭呢？有人认为，很大程度来自管理者的悉心教导和培育。在一个企业里，管理者本身就是"千里马"出身，不仅有高超的管理经验，更有卓越的眼界。想要让"马"变成"千里马"，就要授之以渔，把自己的看家本事传授给他们。另外，还要为他们搭建"学习平台"。知识改变命运，学习就是改变人生的一条通道。另外，管理者还要敢于大胆起用他们，让他们能够到重要岗位锻炼。比如，有一家企业，凡是新来的大学生都会被分配到一线部门进行"实习"，"实习"过程就是培训与培育的过程。"实习期"满之后，这些大学生员工将会被分配到重要岗位去工作。通过这种方式，该企业拥有了一批年轻人才。

让自己变成伯乐，就要学会"爱才"。只有"爱才"之人，才能挑选到辅佐自己的"千里马"。

▶ 选才的六大维度

互联网时代，人才似乎更有"用武之地"。企业管理者同样认识到"人才"的稀缺性和重要性，在广泛猎才的同时，也在不断更新观念，与时俱进，选拔适合企业土壤环境的人才。人才与庸才虽只一字之差，却有着天壤之别。人才有人才的特点：能力强、有责任心、有凝聚力、有创新意识、有不服输的精神；庸才的特点是懒惰、不思进取、保守、容易气馁。有一位企业家说："有时候，人才与庸才是无法靠眼力一眼辨别的，需要按照一定的科学指标去选拔，比如员工的学历、技能、道德品质等。如果一个员工既没有技能，也不讲职业道德，就会拖企业后腿。"因此，在遴选人才过程中，管理者还要坚持选才的六大维度。

一、专业技能

专业技能体现一个人的基础工作能力。如一名电工，懂得电线通路的维护与维修是其基础本领；如一个程序员，有熟练编写程序的本领才能从事程序编写工作。这几年出现的"用工荒"，恰恰是因为缺乏技能型人才造成的。所以，许多公司招聘员工时，更看重员工的从业经历、技能级别。举个例子：某企业招聘财务人员有这样的相关要求：本科毕业，三年以上相关从业经验，有注册会计师资格证者优先。虽然学历、工作经验、相关资格证并不能代表一切，但这足够证明此人掌握了一定的专业技能。事实上，专业技能就是一种生存本领，没有这种本领，就难称之为人才。

二、知识

俗话说，知识改变命运。知识是通向成功的阶梯。常常有人问：是知识重要还是技能重要呢？事实上，知识是一种"载体"，没有这种"载体"，技能也得不到提高。虽然有些管理者有自己的择人偏好，但是大多数管理者喜欢那种"爱学习、知识渊博"的助手和员工。一方面，知识能够转化为技能；另一方面，知识能够加强技能属性。著名生理学家巴甫洛夫认为："你们在攀登到科学顶峰之前，务必把科学的初步知识研究透彻。还没有充分领会前面的东西时，就决不要动手搞往后的事情。"知识是一名员工的基础"修养"，没有知识的员工无法适应知识企业和知识社会。

三、综合能力

互联网时代给人们提供了"跨界"的机会。如果一个人的综合能力强，具备多种能力，如具备沟通、倾听、营销、整合、组织等能力，就能够实现"跨界"。举个例子：某外企招聘一名涉外营销人员，要求他精通英语，善于沟通与交流，能够吃苦耐劳，具备基础财务知识等。事实上，一个人想要"木秀于林"，必须有高人一等的能力。这样的能力，可以帮助他适应多个岗位，轻轻松松玩转"跨界"。互联网时代，复合型人才是最吃香的。

四、个性特征

每一个人都有着不同的个性，有的人内向、有的人外向、有的人活泼好动、有的人内敛稳重。如果让一个内向的、不善言辞的人从事外交沟通工作，那一定是天大的悲剧；如果让一个活泼好动的人从事枯燥乏味的档案管理工作，同样也是一种悲哀。了解不同人的个性，根据他们的个性分配工作岗位，才是科学有效的。

五、工作动机

记得某企业老板发牢骚:"有一些员工,工作不到一年,就跳槽走了。他来公司,不是为了认真工作,而是把公司当成一个跳板。"事实上,互联网给了人们这种轻易跳槽的机会,但是并不意味着每一个企业招聘来的员工都是爱跳槽的员工。因此,在选人之前,管理者要了解应聘者的动机。比如,对方是希望获得更多薪水,还是更高职位?是希望有一份轻松、可以兼顾家庭的工作,还是看重公司福利、求安稳的工作?看破应聘者的动机,才能选择选人方法,最后决定是否签约此人。

六、职业价值观

职业价值观包含两个元素,即人生目标和人生态度。一个有正确职业价值观的人,通常有明确的人生目标和积极向上的人生态度。如今流行一句话:选择一个人,就是选择一种价值观、一种态度、一种工作精神。许多企业老板认识到"价值观"的重要性,阿里巴巴集团创始人马云就说过这么一句话:"我觉得人才进入我们公司以后,必须要认同我们的文化,认同我们的理想。"如果一个人的职业价值观与企业价值观不同,就会在合作中出现分歧,甚至分道扬镳。

把握选人的六大维度,不仅能够找到职位匹配度高的人,更能够遴选到企业真正需要的人才。与此同时,企业管理者还要选择"对"的人,而不要盲目选择符合"六大维度"的人。

有一家老国有企业,厂长姓马,人们都称呼他为马厂长。马厂长当过兵,转业之后进入企业工作,依旧带着军人的气质。有人给马厂长起了一个外号,叫马司令。只要是马司令说过的话,要绝对服从,绝不能有第二种声音。

马厂长用人也有一个特点：他特别喜欢那种听话的老好人。所谓"老好人"，就是脾气好、态度好，有一定的执行能力的人。如果是计划经济时期，这种"老好人"是有市场的。企业之间竞争压力小，企业效益完全跟着国家政策走。但是到了市场经济年代，这些"老好人"除了脾气好、态度好之外，能力似乎达不到标准了。马厂长痛定思痛，决定让这群"好老人"退出历史舞台，换上来一批年轻有朝气的干部、员工，但是年轻人的"刺头"行为又颇让马厂长心烦。选来选去，那批退出历史舞台的"老好人"再一次粉墨登场。

这群重登历史舞台的"老好人"，其个人能力、综合素养、精力、战斗力等无法支撑起自己的角色，致使这家老国有企业连年亏损，甚至到了濒临破产的地步。马厂长退休的时候感叹："管理企业，没有科学的选人观是不行的啊！"

选择人才，并不能只看他的脾气、道德修养，还要从多个方面去衡量。如进取心，一个人如果没有进取心，就难以在平凡的工作岗位上取得突破性成绩；如责任感，一个人失去了责任感，就有可能造成不可挽回的责任事故；如相同的志趣，俗话说"道不同不相为谋"；如最合适的技能，如果没有相关技能，又如何适应岗位要求呢？对于一个企业管理者而言，遴选人才就是要建立科学的选人观，选出一个更适合岗位的角色。

有人问："德"与"才"哪个更加重要？如果一个人只有"德"而没有"才"，或许只能让一个公司原地踏步；如果一个人只有"才"而没有"德"，恐怕会让一个公司破产……有德无才或者有才无德，并不是一个选择项。对于企业管理者而言，树立一个"人才标准"是非常重要的。举个例子：有一家民营医疗公司，老板选择医生的标准是"德才兼备"。所谓"德"，是要有医德，没有医德的医生会影响医院的口碑；所谓"才"，是要有过硬的临床治疗技术和个性化的治疗手段，为医院带来更高的收益。还有一个著名的互联网公司，这家公司选择人才的标准更偏重于"技术"，但是这家公司的人力资源总监认为："职业道德是'门槛',只有进入这个'门槛'的人,才具备面试资格。"

如今,许多公司都有科学的选人制度和流程,并坚持"科学选人"和"阳光选人"的做法。有一些企业,则是借助互联网工具,对相关人员进行匹配度分析,再进行选择和任命。还有一些企业,提供"实习岗位",并给实习者发放实习工资。在新员工实习过程中,管理者对新员工进一步观察,然后通过成熟的"胜任素质模型"进行分析。这样做的目的,就是为了严把"选人观",选好人,更要选择对的人。

科学选人的重要性

科学选人是一个企业能否搭建人才智库的关键因素,也是整个 HR 人力资源科学管理的先决条件。一个企业想要实现科学选人,需要从以下六个方面进行把关。

一、把关选人,防止选人腐败

当下,许多企业、机关单位或多或少都存在这样的现象:有些人凭借"礼物+金钱"的方式,打动选人决策者,从而平步青云;有些人则是完全靠"裙带"关系,用亲情绑架选人决策者,继而出人头地;还有一些人完全是"贿选",贿赂投票者,只要投票给他,上任之后便承诺一定的回报;更有甚者,为了当上干部,用不正当的手段打压自己的竞争对手,逼迫竞争对手退出竞争。走后门、贿选不正当拉票,是一种腐败,更是一种不负责任的行为。因此,企业管理者应该做好以下三项工作,严格把控选人观,防止"李鬼"上位。

1. 坚持"流程"

腐败贿选,大多数是人为干涉造成的结果。一方面是贿赂者有不可告人的目的;另一方面则是受贿者贪婪的欲望。如果一个选拔流程有过多人力因素参与,管理者就要小心了。记得某知名企业老总谈贿选时说:"贿选是非常恐怖的一件事,它完全可以让组织结构腐败化,并形成一个罪恶循环链条。杜绝这类事,就要设置'追责'机制。"许多企业为了把控遴选过程，会启动"追责"机制。另外，严格坚持"流程"选人，选拔过程完全走流程，每一个环节都不能缺失。只有这样，才能把滥竽充数者拒之门外。

2. 坚持"原则"

事实上，腐败就是一种没有原则的体现。举个例子：某员工打着"亲情"的幌子经常看望领导，请客送礼，让领导动了心。原本这个员工不符合提拔条件，该领导念及"旧情"，扶了他一把。但是这一"扶"，有可能把一位真正有才华的人挡在了大门之外。因此，管理者或负责选拔者一定要坚持原则，不能被金钱、亲情所绑架。平时应加强自身修养，远离"腐败"红线。只有坚持原则，在选人方面高标准、严要求，才能找到真正的人才。

3. 坚持"大局"

腐败选人，从某种角度看，是一种目光短浅的行为。短期来看，双方似乎都得到了好处；长远来看，损害的是企业的组织结构和经济效益。通过"腐败"上去的管理者，大多数会为自己捞取"资本"，也就是损公肥私。一个管理者，坚持科学选人，必须要有大局意识，一切从长远出发，从企业发展的可持续战略角度出发。坚定信念，坚持正确的选人方向，牺牲眼前"效益"，顾全大局。只有这样，才能遴选到真正的人才。

二、考察选人，防止选人失败

清代两广总督曾国藩认为："世人聪明才力，不甚相悬，此暗则彼明，此长则彼短，在用人者审量其宜者而已。山不能为大匠别生奇木，天亦不能为贤主更出异人。"从这句话中不难看出，选准人、用对人非常重要。因此，管理者在选人之初，一定要对参与遴选的人严格考察，只有通过考察者，才能进一步任命。

1. 进行全面考评

过去一些企业没有考评制度，甚至没有具体的考评方法，选人靠两点：关系和眼光。这种粗暴的、不科学的选人方法，常常导致选拔了一些不合格的干部，最后让企业和员工跟着"受罪"。一个企业想要有所发展，在遴选人才方面一定要进行严格的、科学的、全面的筛查和考评。比如，参选人的日常工作业绩、道德行为、开拓精神、身体状况等，全部项目达标者，才具备考评资格。哪怕是已具备考评资格的人，还要进行"优中择优"，选出最合适的人才。如今，许多著名的企业都有自己的考评制度，定期对企业内的干部员工进行考评，并取得积极的效果。

2. 扩大选人范围

曾经有一位企业高管向我诉苦："人才太少了，根本找不到合适的人！"其实不是找不到合适的人，是找人的范围太小了。曾国藩选人的第一核心思想就是"广收"，扩大选人范围。曾国藩曾在《家书》中写道："人才以陶冶而成，不可眼孔太高，动谓无人可用。"如果放下偏见，扩大一下选人的范围，或许就能够找到适宜的人才。需要提醒的是，扩大选人范围，同样也要进行考察和严选。只有进行全面考核，符合条件者中再缩小遴选范围。比如，企业可采取一种"拉网式"的选人方式，不局限于某个岗位，只要有能力，就可以上位。这种"拉网"式的选人方法虽然笨拙，却有很好的效果。

3. 健全考评制度

没有相关的考评制度，相当于职业人没有签劳动合同。工作也好，选人也罢，都需要有一个完善的制度。制度的目的在于规范，并且能够给予"选人"的标准。有一些企业，借助现代管理工具，建立"考核模型"。符合"模型"者，还要进行归类。也就是说，符合什么样的模型分配到什么样的岗位工作。还有一些企业利用互联网建立人才分析数据库，为选人提供更为可靠的数据。

三、因事择人，确立用人取向

"因事择人，因岗择人"似乎成为当下 HR 管理的一大趋势。有人说，世界上没有废材，只有用错地方的人才。让合适的人做合适的事，才能人尽其才，让人才在企业里发光发热。通用电气前 CEO 杰克·韦尔奇也说过这样的话："让合适的人做合适的工作。"因事择人的最大特点，就是做到有针对性地选人。举例而言，某企业缺少电工，就应该有针对性地找一名电工；缺少一名工程师，就应该有针对性地找一名工程师。缺血补血，缺钙补钙。因事择人，选择合适的人员，更利于工作的开展。企业管理者坚持因事择人，同时要坚持三个原则。

1. 人才与事业结合

人才与事业结合，就是选人要与企业事业规划发展相一致，就是要找到个人愿景与企业愿景相一致的人。一个人有与企业相同的理想，就能够在磨合、发展过程中形成"合力"。换句话说，一个人只有在自己的"事业路途"上发展，才能够体现价值。一个拥有事业岗位的人，也会更加珍惜自己的工作。另外，企业还要坚持文化建设、平台建设和价值观建设，为员工树立正确的价值观和方向。只有这样，才能真正做到"人事结合"，形成凝聚力和战斗力。

2. 人才与岗位结合

自古以来，我国传下来的择人传统就是，以优择人，以适择人。以优择人，就是选择德才兼备之人；以适择人，就是选择最适合岗位的人。如果让一个优秀的人出现在不适合自己的岗位上，恐怕他也难以发挥自己的本领。人岗结合，就是从岗位需求出发，将岗位需求与人才需求相结合，找到一个契合点。古人言：闻道有先后，术业有专攻。让每一个人的特长发挥在适合自己的岗位上，才能取得更好的效果。

3. 人才与班子结合

互联网时代，许多企业都在打造强有力、功能性的团队，这样的管理团队的特点是，专业性强、互补性强、凝聚力强。根据团队不同的功能，要适当补充具备相应特长的人才；根据年轻化要求，要适当补充年富力强、有经验、有水平的人才。因此，企业管理者既要考虑人力结构的功能性与互补性，还要让人才与管理班子无缝结合，形成合力。

四、科学育人，遵循成长规律

有人说，选人与育人同等重要。许多优秀企业的干部都是经过精心培养，符合了企业要求和需求，才顺利走上管理岗位的。从某种程度上讲，培育"候选人"比盲目"选人"更加重要。选人很重要，组织培养同样非常重要。一个职场人，不仅需要培训，更需要引导。"引导 + 培训"就等同于科学培育。育人过程，等同于人力资本的开发。通常来讲，科学育人具有两大意义。

1. 提高胜任能力

"胜任力"是一种综合管理能力，它包含许多方面的内容。比如，执行力是一种胜任力，执行力的提高是对决策力的一种展示；创新力是一种胜任力，创新的结果可以加强执行结果；领导力是一种胜任力，胜任角色就要成为这个角色的主角；影响力是一种胜任力，能够左右与下属或者合作伙伴的合作深度，对企业效益产生重要影响；组织协调能力也是一种胜任力，优化资源配置，就会对组织产生深远影响；承压能力也是一种胜任力，能够承受多少压力，就能产生多少动力。总之，通过系统培养，可以产生这种"胜任力"，"胜任力"就是人才的标志。有一位企业管理者说："胜任力就是一种胜任岗位角色的能力，通常来讲，不同的岗位将会赋予不同的角色任务，只有胜任所有角色任务的员工，才是一名合格的员工。因此，企业管理者需要提升员工的胜任能力。"

2. 锤炼工作作风

科学育人，更多的是培养一种工作作风。有一家著名企业通过"培育"，提高员工三种工作作风。

（1）顽强工作的作风。加强工作的纪律性，严肃组织考核工作，把考核结果纳入人才的考核和评估工作中。考核、评估的过程，就是对人才的培育过程。

（2）扎实工作的作风。许多人工作"人浮于事"，一方面是组织管理力度不够；另一方面是自我管理力度不够。锻炼扎实的工作作风，管理者更需要构建企业文化，将管理深入基层，与员工打成一片，少喊口号，多做实事。

（3）提高效率的作风。工作拖拖拉拉、无法提高工作积极性，是当前企业面临的主要问题。需要通过培训、教育，使候选者形成一种"以目标为导向"的工作习惯，坚持绩效考核，才能提高工作效率。

胜任力和工作作风，是一个人才的"刚性"指标，如果员工岗位工作无法胜任、工作作风不符合企业要求，就无法满足企业的需求。因此，企业管理者要拿出大量时间和精力进行"育人"。"育人"，同样是选拔人才的方式之一。

五、监督选人，落实工作责任

还有一些"选人"方式，完全是"水中花、镜中月"，让人看不懂。例如，某企业岗位竞选中层干部，一个业绩不突出、没有人气的人异军突起，最后成为企业的中层干部。有人质疑：没有工作成绩、没有号召力也能当上中层干部？最后得到领导的答案是：少管闲事！"少管闲事"四个字听上去非常刺耳，这种缺乏监督的选人实则是一种腐败。因此，引入"监督机制"就显得尤为重要。通常来讲，监督选人有三大意义。

1. 公开透明

互联网有一个特点——公开透明。因此，互联网时代的 HR 管理，更要坚持公开透明的原则。诚然，监督的最大作用就是让管理更加透明、有序、高效，从而消灭腐败的温床。公开选人，就是让参与选举的人有选举权、知情权，能够让大家了解"选人规则"。某位企业家认为："让员工参与选举，让员工监督选举，是民主建设的第一步！"监督，对于君子而言，似乎是无效的；但是对于那些"阴谋家"而言，则是效果显著的。古人言：才者，德之资也；德者，才之帅也。只有德才兼备者，才能够成为管理者。如今，许多用人单位深受社会不良风气影响，许多手握"选择权"的管理者以权谋私，买官卖官，形成一种钱权交易。如果没有监督，就会导致腐败。在这种被动的情况下，引入"监督机制"就显得非常重要。监督机制能够为企业营造一种"公开透明"的选人环境，防止"越俎代庖"现象的发生。

2. 弥补不足

许多管理者选人，完全凭借个人直觉和喜好，选人、择人存在一定的片面性。举个例子：某企业老板特别欣赏业务能力强、思维活跃的人，因此提拔的干部大多为这类人。但是，久而久之，这类活跃分子不甘于现状，跳槽的跳槽，出问题的出问题，不但没有给企业带来良好局面，反倒给企业留下很多烂摊子……问题出在哪里呢？问题就出在监督机制不健全，形成了管理漏洞。俗话说，群众的眼睛是雪亮的。让大众参与监督和选人，就能够克服这种"眼光"和"管理"的漏洞，克服主观障碍，让选人更加科学有效。因此，监督选人可以弥补个人经验的不足。

3. 强化问责

许多企业选人，都是管理者或者 HR 主管自己说了算，甚至不承担错选后果。例如，南方有一个食品公司，HR 主管靠"关系"提拔上来一名生产经理。这个生产经理因为缺乏管理经验，致使食品车间遭到污染，所生产的商品中有 70% 大肠杆菌超标。后来这家食品公司上了电视台、报纸的黑名单，超市强行下架该公司所有产品，并使该公司损失数百万元。然而，企业老板只是对该生产经理进行了降职处分，并未对 HR 主管进行追责。监督的作用就是要强化问责、追责，让负责人力管理或者选人择人的管理者对自己的行为负责到底。另外，强化问责可以使负责选人的管理者养成一种"敬畏心"，不要把选人当成儿戏，还要为错误的、片面的选人行为负责到底，追责的目的是优化和改正。

六、成功用人，坚持公平正义

《吕氏春秋》有言："平出于公，公出于道。"意思是，和平源自公正，公正源自道德。另一位哲人也认为："高于道德的东西必须基于公正，包含公正，并通过公正的途径去获取。"由此看来，坚持公平正义是一种道德高尚的表现，符合社会主流价值观。选人的第一原则就是公平公正。如果管理者戴着有色眼镜，任人唯亲，心里没有"度量尺"，完全按照个人喜好进行选人，甚至还把"选人"当成公开敛财征信的机会，失去了公平公正，也就失去了"选人"的意义。因此，作为一名管理者，不仅要修炼自己的内心，更要坚持科学选人、公平选人、制度选人，守住做人的道德底线，做好以下三项工作。

1. 严格按照选人制度办事

但凡能够按照制度办事者，都不会失去公平正义。有些干部越俎代庖、干扰选人过程，让选人变成"一言堂"，给人一种"制度说了不算，我说了算"的感觉。管理者要严格按照制度办事，加强规矩意识。俗话说，没有规矩不成方圆。另外，还要健全选人制度，建立科学的选人体系，加强监督的作用，让监督约束选人权力。有一位企业管理者说："监督制度与选人制度不同，选人制度是一套科学有效的人才管理方案，它包含了'监督'和'法规'；监督制度却十分宽泛，缺乏针对性。"如果一家企业没有选人制度，则需要提前制定选人制度，再根据选人制度敲定选人流程。

2. 坚持"举贤避亲"原则

自古以来，我国就有"举贤避亲"的选人原则。《后汉书·蔡邕传》中言："初，朝议以州郡相党，人情比周，乃至婚姻之家及两州人士不得对相监临，至是复有三互法，禁忌转密，选用艰难，幽、冀二州，久缺不补。"意思是，同一部门、同一区域不得出现有亲缘关系的两个人。有些管理者，"举贤不避亲"，随意安排亲属子女就业，给企业、社会造成很大的负面影响。举贤避亲，才是一种公平公正的选人法则。但是也有人问："如果裙带中有'有才'之人，也要被抛弃掉吗？"前面我们讲过，只要一个人具备足够的才能和胜任力，同样可以获得提拔，"举贤避亲"当以"举贤"为条件。

3. 甘当德才兼备者的铺路石

做人应该有一种胸怀！清代学者金缨说过一句话："大事难事看担当，逆境顺境看襟度；临喜临怒看涵养，群行群止看识见。"如果有了这种胸怀，能够放下心中的偏见，自然就会成为"伯乐"。真正的伯乐，不仅是选人、用人的高手，更是一个甘为"人梯"的铺路人。有一颗公仆心、正义心、爱才心，把"举贤让贤"当成一种行为准则，才能够选出人才良将。

俗话说，做人要"一碗水端平"。选人、用人，更要坚持高标准、严要求。守住做人的底线，才能成为一名真正的伯乐。

▶ 人人皆可成才的"成才观"

有个人，中了状元之后披上红色状元袍、骑着高头大马在京城内游街。路上遇见一老农挡路，其侍从便去催促道："唉，你眼睛瞎了吗？看到状元大人来，你也不肯让路！"这个老农流露出不屑的神情："不就是一个读书郎吗？如果我也读过这么多书，早就中状元了！"

状元有些生气，下了马便问："你都会什么？"

老农道："我闭着眼抓黍，抓十把能抓出一升，上下误差不到一毫！你敢比试比试吗？"

状元不信老农的话，便吩咐侍从买来黍，让老农当众表演。

老农眼睛里充满了自信的光芒，然后便气定神闲地开始抓黍，一把，两把……抓完之后，现场称重，果然整整一升，分毫不差。状元见状，傻了眼。

此时，旁边一个包子铺的老板站出来笑话老农："你这本事，不就是熟能生巧练出来的吗？"

状元一听，便问包子铺老板："你有什么本领？拿出来瞧瞧？"

包子铺老板邀人来到包子铺前，然后说："我一炷香的时间能包50个包子，不信你们瞧！"

说罢，包子铺老板撸起袖子，开始包包子。一炷香的时间到了，包子铺老板竟然包了55个包子，简直令人叹为观止。一时间，整个街头的人们纷纷展露才艺，甚至连"踩高跷"的街头艺人也表演"踩高跷翻跟头"的绝技。状元看过之后，发出感慨："真是三百六十行，行行出状元哪！"

万通控股董事长冯仑说过一句话："人无废人，器无废器。如果你让一个手无缚鸡之力的人拿着刀看门儿，贼一来他就跑了，可你不能说他不是人才，没准儿让他去写文章他就能成为作家。把合适的人放在合适的位置，人人都是人才。"还有一句话是，人人是人才，赛马不相马。这是海尔集团的用人理念。海尔集团首席执行官张瑞敏认为："兵随将转，无不可用之人。作为企业领导，你的任务不是去发现人才，而是建立一个出人才的机制，给每个人相同的竞争机会。作为企业领导，你可以不知道下属的短处，但不能不知道他的长处。"冯仑和张瑞敏的两段话给出了相同的用人观点：用人要用之所长。"三百六十行，行行出状元"就是告诉我们，每个人都有自己的优势和专长，如何让每个人的专长转化为企业价值，才是企业管理者应该用心的。

还有一句老话：物尽其用，人尽其才。只要是一个人，就要想尽一切办法让他展现自己的价值。有家企业采取一种"轮岗制"的方式选人、用人。每一个刚刚到公司的年轻人都要经历几个部门轮岗的锻炼，从生产到后勤，从后勤到前台，从前台到后台，总有一个适合新人的岗位和舞台。转到哪里，在哪里发光发热，便留在哪里。这种"轮岗制"，不就是一种选人、用人的平台吗？只要一个人有一技之长，或许就有企业用得上的地方。比如，一个人任劳任怨，属于埋头苦干型，这样的人让他出现在生产操作界面上，就很容易出成绩；一个人口才好，脑子灵，这样的人完全可以安排他去营销部试岗；一个人具有大局意识和良好的前瞻思维，这样的人可以当作储备干部进行培养。哪怕一个人没有一技之长，只有一副热心肠，也可以充当企业的"润滑剂"。事实上，现实中没有什么特长都不具备的人，只是缺少有耐心的管理者和提供人才战略平台的企业而已。

人人都是才，块块都是料！只要管理者坚持科学用人观，就能够做到人尽其才、物尽其用。

PART 2

互联网时代人力资本管理九大板块

第二章
做好规划，规划决定一切

≫ 互联网时代下的人力生态系统

互联网的出现，把相隔数万里的地球两端变成了位于同一区域的地球村。互联网去掉了区域边界，把所有信息、权力、变革、人才放进同一片"森林"里，形成一个互联网生态圈。生态圈里的人才库就像一个硕大的"资金池"，资金不停进出，形成一个"循环装置"。我们可以称之为人力资源循环链，也可以称之为人力生态系统。以某科技公司为例，该科技公司的人才交流就能够体现这种人力"资金池"的特点。

人才是企业发展的"永动机"，引进人才如同为企业引进引擎。某家科技公司为了严把引人观，采取一种"三层面试"法。第一层面试由专门负责初筛的HR专员负责，他们的工作就是从广大的面试者中筛选出符合条件的人，如大学毕业、三年相关技术工作经验、吃苦耐劳等。符合条件者将接受第二层面试。负责第二层面试的是HR的主考官，这一关非常严格、有趣，甚至还要进行快速笔试。能够顺利进入第三层面试的人员数量，恐怕不足20%。第三层面试直接由人力总监进行把关、考察。这一层面试称为终极面试。人力总监借助询问、观察、倾听等方式，对应聘者进行全方位判断，从而确定是否录用。

能够在引进人才等方面做足功夫的企业，在人才流出方面同样控制得非常严格。按照上述科技公司老总的话："企业要想发展，人才交流要时刻保持平衡状态。"所谓"平衡"，恰恰是生态系统的特点。这家公司为了实现这种平衡，确保每一个离职的人都能找到合适的工作，甚至承诺：向下游和合作伙伴鼎力推荐。这种"有进就有出"的选人、用人模式，恰恰是互联网时代 HR 管理的特点。

互联网时代下的人力生态系统具有什么样的特点呢？通常来讲，有两大明显特点。

一、组织生态化

互联网生态圈是开放的、平等的、去中心化的。人才交流，不受权力、空间、社会等属性影响。员工与老板之间是一种合作关系，而非粗暴的雇佣关系。组织结构越来越扁平化，从决策到执行只需要一秒钟的时间。企业所做的一切工作，都围绕着客户需求展开。

另外，生态圈是多彩而绚烂的，它由无数个大大小小独立的圈子组成。举个例子：某影视公司旗下有若干艺人，每一个艺人有自己的团队和工作室。这种兼容与独立的关系，恰恰也是组织生态化的特点。在互联网时代下，员工既是合伙人，又是创业者。

二、价值生态化

价值生态化的特点，就是所有的参与者都能够给生态系统带来价值，凡是带来价值的参与者都可以称之为员工。从某个角度讲，老板是员工、员工是员工、客户也是员工……在这种体系下，员工成为价值的制造者、传播者，同时也是价值的拥有者和分享人。

有人会产生疑问：老板该如何给这些员工支付报酬呢？个人觉得，不同的支付方式可以满足员工的不同需求。比如，对待老板自己，企业良性发展就是一种报酬；对待客户，增值服务和人性化体验就是一种报酬；对待员工，绩效工资和福利就是一种报酬。

互联网时代让人才交流更快速，也让人力价值分配更合理。企业越来越离不开人才。有效的人力资源管理，充足的人才储备，能够为企业带来巨大的增值效应。人力资源规划是什么呢？简言之，就是根据企业现状，采取科学有效的方法重新进行组织优化，从而确保人尽其才、人尽其力。

通常来讲，人力资源规划分为两类。第一类是整体人力资源规划，也就是面向整个企业的；第二类是部门人力资源规划，是针对企业各个部门的。人力资源规划如同给企业设计一张"人力蓝图"，这张"蓝图"需要管理者长期不断地坚持，才能将"蓝图"变成现实。人力资源规划是人力资源管理的先决条件，没有好的规划，也就难以开展人力资源管理工作。因此，企业打造人力资源体系是非常有意义的。

▶ 打造人力资源体系五大意义

一、以人为中心

互联网时代的人力资本变革，更加突出"人"的作用。企业靠"人"，银行靠"人"，政府组织靠"人"。"人"的作用被放大，也督促管理者要进行"人"的管理。人力资源规划的意义，就是让这种"管理"更加科学有效。

二、减少干扰因素

提高企业竞争力的方法有很多，如节省开支、削减经费、提高劳动能效、进行产品研发、提升服务质量、创建品牌效应等。但是这些方法都需要人来完成。管理者通过人力资源规划与配置，减少各种干扰因素，如法律法规、政策对企业的影响，科学技术对企业的影响，从而确保人在各个环节发挥积极作用。

三、保持人力结构平衡

如今用工荒已成为一种社会现象。某些企业拼命招人,依旧无法缓解用工难、生产难等问题。输血治疗贫血,本身就是治标不治本。人力资源规划的另一大意义就是使人力供需平衡,防止因人力结构和组织结构失衡而造成的用工荒、生产难。

四、改变人力结构

有一家生产企业,员工的年龄结构明显老化、知识结构普遍偏低。后来这家企业进行了改革,第一项工作就是进行人力资源的重新规划。几年之后,这家生产企业年龄结构转为年轻化,知识结构有了提升,补充的新鲜血液让企业获得突飞猛进的发展。

五、触动改革与创新

人力资源规划的影响力是长期存在的,它能够改变人力资源现状,对组织结构、岗位流动等产生积极影响。人员结构的变化可以触动改革与创新,如技术革新、流程变革等。

打造人力生态体系不仅有重要的意义,还会对企业发展、人力资源变革产生直接作用。通常来讲,直接作用表现在以下三个方面。

第一,为企业其他规划提供人力支持。

人力资源规划的目的首先是提高"人力"效应,让普通人发挥"人才效应",让人才发挥"超人效应";其次是增强企业其他规划的实施效果,如销售规划、服务规划、研发规划、生产规划、攻关规划、财务规划、收购规划等。俗话说,有了人,才有一切!

第二,创造财富。

企业离不开人,只有人才能推动企业发展,为企业创造效益。人力资源规划的作用，就是提高人的综合能力和工作积极性。如为员工制订生涯规划，满足员工需求，提高员工的工作积极性；如搭建学习平台，提高员工能力，借助"能力"提高技术含金量和服务含金量。

第三，人力资源配置最佳化。

如今，许多企业人力资源配置不好，员工年龄结构不完善，知识结构也存在问题。通过人力资源规划，不仅能够优化年龄结构，还能够招聘到知识层次较高的人才，让这些人才出现在最适合的岗位上。

人力资源规划是"本"，人力资源管理是"钱"。俗话说，有了"本"，才能生"钱"！因此，管理者要制定可持续人力资源发展规划，打造人力生态系统，为企业打造一个人才交流平台，留住人才。

▶ 组织机构设置

有一个村办企业，创办者是该村的一对孪生兄弟。最初，这家村办企业只有15名员工，组织机构十分简单，只有生产部、销售部、财务部三个部门。后来，企业规模有了长足发展，员工数量由原来的15人增加到后来的200余人。虽然员工多了，但是这个企业依旧只有原来的三个部门。

有一年，该企业产品效益下滑，加之货款回收力度不够，给财务工作带来非常大的压力。为了解决问题，该企业临时成立"清欠办公室"，进行老货款清欠工作。为了提高产品竞争力，管理者竟然简单、粗暴地引入一套新设备。新设备到位近一个月，大多数员工依旧无法掌握新产品的生产、加工工作。更可笑的是，新成立的"清欠小组"成员由于没有清欠经验，近半年时间没有要回一分钱。

企业弊病越积越多。引入新设备，却缺乏技术培训；成立清欠办公室，却清不回货款；没有培训机构，更没有研发中心；清收任务竟然由财务部门一把抓。组织机构管理混乱，致使该企业完全停摆，最后被一家大型股份制企业以 200 万元低价收购。

组织机构混乱，职责不明，有些员工身兼多职，有些员工则没有相关责任约束……这样的企业怎么可能走向辉煌呢？这个故事告诉我们，只有将组织机构设置合理才能明确职责、细化分工，才能确保企业高效运行。通常来讲，组织机构应坚持"以组织目标"为导向、以"执行活动"为依据的设置。另外，还要坚持以下五个原则。

一、任务目标原则

每一个企业，都有自己的任务和目标。以企业目标为出发点进行设置，就能形成目标与任务分配相一致的设置原则。其中包括以目标为出发点的部门设置、职能设置、管理层次架构设置。举个例子：针对经营目标的设置，设置的部门有经营公司，经营公司下设销售部、采购部、综合科等，设置的职位有经营公司总经理，各部门部长、副部长、科长、员工等。这样设置，任务目标清晰，责任目标也十分清楚。

二、分工协作原则

一个大企业，大大小小几十个部门，每一个部门都有自己独立的工作。但是综合起来，这些部门的任务只有一个：服务客户，增加效益。有些重要生产部门，需要另外几个辅助部门协作，才能把工作完成到位。比如，煤矿生产部门常常与救护部门、排水部门、技术部门、安全部门进行协作。分工与协作，形象地说就是把企业看成一个身体，把部门当成身体里的每一个器官。

三、指挥一致原则

组织结构混乱、责权不明，就是犯了"指挥不一致"的毛病。比如，一个部门由两个同级别的领导负责，下达两个不同的命令，该部门到底该听谁的？因此，组织机构设置要实现命令的纵向统一。也就是说，上下级关系明确，一个部门只隶属于一个上级部门指挥。

四、精简有效原则

有些企业组织架构过于复杂，完全是一层压一层"金字塔"式的管理。举个例子：某采购人员申请货款，需要经过采购部部长、经营公司经理、分公司总经理、总公司财务人员、总公司财务部长、总公司总经理、审计部专员、审计部部长等人员签字才能生效。不仅效率低下，每一层都有可能影响到业务的办理。因此，组织机构要化繁为简，采取"扁平化"方式进行设计。

五、责权一致原则

一个部门，不能只拥有权力，而不履行职责。比如，某企业部门拥有强大的管理监督权，却不受其他部门管理。结果，该部门腐败现象频发，部门换了许多管理者，依旧没能解决问题。因此，管理者要让每一个组织部门有权有责，权责一致。除此以外，还要发挥监督作用，设置相应监督部门对其他部门进行监督、监管。只有这样，才能让各部门谨慎用权，严守责任。

设置科学、合理的组织机构，是对企业管理和人力资源管理的有力支持。它不仅能够提高职能运行效率，还能减少各部门之间的摩擦、推诿，把各部门的力量拧成一股绳，继而为企业创造效益。

▶ 工作岗位分析

俗话说，管人是一门艺术。人力资源管理同样是一门管理艺术。有位企业家说过一句话："管理人的学问，是世界上最高深的学问。不仅要掌握方法，更要进行细致的分析，从中找到规律。"如果我们把组织机构设置当成人力资源管理的先决条件，工作岗位分析则更是一种人力资源管理技术、艺术的体现。

有些人认为：一个岗位，有什么值得分析的？找一个专业对口、能够适应岗位工作的人不就万事大吉了？事实上，岗位分析并不仅仅只是"分析"，还包括定员、定岗、定编等内容。如果分析、调查工作不到位，就无法进行人力资源的配置与优化。一般而言，岗位分析有三大作用：其一，满足企业需求，为选人、用人、育人、留人提供科学依据；其二，为制定有效的人力资源规划方案提供科学依据；其三，为员工绩效考核等提供科学依据，并因此建立薪酬体系。另外，岗位分析还可以形成岗位制度和工作说明书，从而规范员工的工作行为。岗位分析的作用非常大，想要做好人力资源工作，管理者需要与时俱进，结合当下互联网时代的特点和HR管理发展趋势，做好三个维度的分析工作。

一、对企业目标、战略进行分析

每个企业都有自己的目标和战略。目标决定企业前进的方向，战略决定企业前进所采取的方法、策略。岗位与职位就是以目标和战略为导向而设定的。因此，要对目标和战略进行细致分析。首先，要对企业目标进行分析。举个例子：一个企业制定了五年上市的目标，这个目标是一个长期目标。在长期目标内，还包括了阶段性目标，如年目标、月目标，目标细化成部门目标、个人目标后，才能进行具体岗位设计工作。其次，要对企业战略进行分析。通常来讲，一个企业的奋斗目标是创造财富、产生品牌效益。从企业战略角度讲，企业想要实现这样的任务，就需要制定一系列战略，如人才战略、产品战略、服务战略、研发战略、攻关战略、客户战略等。每一个战略还对应着一个战略目标，这些目标依旧需要进行分析、制定，细化到人，然后再进行具体岗位的设定，并制定岗位工作流程。

二、对企业成员进行分析

一个人能否胜任岗位工作，与他的知识储备、技术能力、性格特点、个人气质、思想动机、价值观等有关。如今许多企业建立岗位胜任模型，通过科学的方法对企业成员进行综合分析与管理。举个例子：某企业通过培训平台，对员工进行有针对性的培训，借助培训技术、综合测量表格对员工进行测评。测评分为两部分，一部分是能力测评；另一部分是素质测评。针对员工的某些"短处"，可以利用培训的方式进行"补长"，或者对相关岗位人员进行调换，从而达到优化人力资源的目的。

三、对企业管理方法进行分析

前两个维度只是针对"岗位"层面进行的分析，第三个维度则是找到一种科学有效的人力资源管理方法。找到这种方法，就能够找到最佳"人岗"结合的方式。通常来讲，人力资源管理方法有三种：因事设人、因事用人、按岗配人。三种管理方法各有其特点，管理者要进行细致对比、分析，找到一种灵活结合的模式。

工作岗位分析是一种人力管理技术手段，它可以帮助管理者搜集有价值的岗位信息，实现量化管理。另外，岗位分析还有助于工作流程设计、绩效评价、员工职业生涯规划、定员定额等工作的开展。做好工作岗位分析，才能做好人力资源管理工作。

▶ 劳动定额管理

对于一个企业来讲，生产、销售、财务等工作都需要一定数量的员工。企业从事生产经营活动需要消耗一定的人力。企业规模越大，员工数量也就越多，对于那些员工密集型企业而言，更是如此。人力资源管理还有一项重要课题，就是通过科学评估与计算，找到一个"黄金法则"，也就是找到人力消耗与产出成果的最佳比例。管理者都有一个梦想，让员工发挥极致能量，转化最大价值。不管如何，这里都涉及一个概念——劳动定额。

什么是劳动定额？简言之，就是为了让员工完成一定的任务而预先设定的消耗标准。举个例子：某企业规定每个员工每小时加工100个配件，抑或每个员工完成100个配件的加工时间不得超过一个小时。劳动定额主要有两种表现形式，一种是产量定额，另一种是时间定额。除此以外，劳动定额的表现形式还有服务定额、工作定额、人员定额等。

劳动定额是一种具有前瞻性的计划管理。为员工提前制定定额标准，有利于后续工作的开展。但是，劳动定额在开展之前需要扫清一部分障碍。那么，管理者需要扫清哪些障碍呢？

（1）工艺水平。如果一个企业生产工艺落后，就无法达到单位时间内规定完成的生产加工数量。提高工艺水平，可以相应提高劳动定额。

（2）原材料及辅助材料质量。原材料及辅助材料的合格率，直接影响到加工产品的合格率，想要提高劳动定额标准，就必须在原材料及辅助材料质量上做好把控工作。

（3）生产环境。一些世界知名企业之所以运转高效，是为员工提供了人性化的工作环境。反之，如果让员工在环境恶劣的地方工作，就不可能提高劳动定额标准。在这里需要特别强调，安全生产是企业的生命线，频发的安全生产事件已经给许多存在安全漏洞的企业敲响了警钟。因此，企业一定要重视企业的生产环境。

（4）组织保障。良好的组织管理，可以快速实现生产经营转化工作。

（5）员工素质。员工的知识储备、技术熟练程度、心理承受能力、责任感、智力、人格特质等都会影响到劳动定额标准的制定。

（6）劳动规范程度。通常来讲，企业运转靠流程，生产靠流程，经营、服务也要借助标准流程去完成。管理流程的作用，就是确保能够规范操作。

扫清了劳动定额的不利因素，下一步工作就是根据方法制定科学有效的劳动定额。常见的劳动定额方法有以下四种。

（1）经验估工法。这种方法就是从企业实际出发，根据劳动实践所总结出来的经验分析估算定额。这种方法计算简单，通常由老员工或者技术员参与评估劳动定额标准，但是存在一定的主观性。比如，南方一些OEM（Original Equipment Manufacture，俗称"代工"）企业常常采取经验估工法。

（2）统计分析法。这种方法就是对既往单位生产数量、生产转化率进行统计分析，然后进行计算、评估，找到劳动定额标准。这种方法更适用于常态化生产；在特殊时期，却无法反映实际情况。

（3）类推比较法。举个例子：加工耳机需要1个小时，加工同类型的蓝牙耳机也需要1个小时。这种方法能够保证同类产品范围内的劳动额定的准确性，但是不适用于不同类别的产品。

（4）工时测定法。这种方法就是在有序组织管理和正常生产操作下所计算、评估出的劳动定额标准。这种方法非常科学，能够反映出实际生产率，但是耗时耗力，需要由专业统计人员负责。

以上四种方法，企业可以活学活用或者交叉使用，从而达到制定劳动定额的目的。

随着时代的发展、科技的进步，管理者应该打破传统观念，通过不断修订劳动额定标准，实现企业有序发展。

组织定员八大原则

有位企业家认为："组织定员，就是给员工一个'家'，一个名分。只有这样，他们才能全力以赴。"简言之，组织定员就是劳动编制。从某种程度上讲，劳动编制就是一纸隐形的劳动保障合同。组织定员还可以看作劳动定额管理的后续工作，是人力资源管理非常重要的一部分。

组织定员一定要坚持科学的标准，要把"编制"看成一种资源，甚至是一种稀缺资源。占据这个资源的人，一定是适应企业发展、能够为企业带来价值的人。有些人用"一个萝卜一个坑"来形容编制定岗，就是多一人不行、少一人也不行。另外，组织定员要坚持以"企业需求"为目的的编制方法。例如，一个企业成立某分公司，需要150名员工，就需要有150个编制名额。从另外一个角度看，组织定员如同给部队定编，有了编制，这支部队才是正规军，才能有正统的军事化管理。那么，如何才能进行科学有效的组织定员呢？做好组织定员，要坚持以下八大原则。

一、以企业目标为导向的原则

不管是组织定员，还是劳动定额，都要以企业目标为导向。组织员工进行工作的目的，也是为了实现企业的终极经营目标。组织定员的目的，就是为了给员工一个"名分"，提高员工的工作积极性，为企业创造效益。组织定员还要以企业实际需求为依据，两者结合，才能进行科学有效的制定。

二、以精简高效为目标的原则

编制是一种稀缺资源，不能数量多，亦不可数量少。"一个萝卜一个坑"的原则，就是要求编制要精简有效。如今许多企业编制有问题，许多职工吃着空饷，挥霍企业资源，实在令人痛心。

三、跨界、兼职原则

互联网时代就是一个"跨界"的时代，一个综合能力出众的人，能够分饰多个角色。如一名技术员，可以负责技术管理、技术研发、技术维修、技术改造等不同的工作。一人分担多职，是一种挑战，更是节约用人、高效用人的管理手段的体现。另外，从企业的经营成本考虑，一人多岗的组织定员可以大大降低企业的经营成本，提升一个人的价值。

四、明确分工原则

过去有句老话叫，分工不分家、分工不分责。这套做法俨然已经不适用当前企业的发展。因此，组织定员一定要坚持"分工分责"的原则。只有这样，才能起到有效监督的作用。

五、人员比例协调一致的原则

通常来讲，一个企业的各岗位都有一定的人员构成比例。举个例子：有的企业生产线上有 100 名员工，但是负责营销和市场拓展的人员只有两个。这种头重脚轻的配置，会给企业发展带来严重阻力。管理者要通过调查、评估、计算，得出人员构成最佳比例，再进行人员配置工作。

六、人尽其才的原则

人力资源管理的重心，就是人尽其才。制定编制的目的，也是为了人尽其才。管理者要根据员工的年龄、学历、技能、心理、性格、爱好等进行合理分配，让每个人出现在最适合自己的岗位上。

七、营造良好的工作环境

工作环境决定生产力。有个企业家说过一句话："企业是家，让员工把企业当成家，才能尽责任与义务。"家，是一个良好环境的代名词。有家就有家规，"家规"就是企业管理制度。有家也有家规，才能营造良好的工作氛围。

八、定期对组织定员进行修订

一个企业，无时无刻不在发生变化。用一种发展的眼光去对待"组织定员"，就是要根据企业变化不断地修订组织定员来适应企业的发展。因此，也就有组织定员 2.0 版本或者 2.1 版本。

组织定员是一项很重要的企业人力资源管理工作，因为科学合理的组织定员是制订企业人力资源计划的基础，基础打得牢，才能提高员工队伍的整体素质，为企业创造效益。

▶ 制定人力资源管理制度

邓小平说过："制度好可以使坏人无法任意横行，制度不好可以使好人无法充分做好事，甚至会走向反面。"制度是一种规矩，一种法律。对于一个企业而言，需要借助制度完善管理工作。比如，生产车间有生产制度，销售部门有销售制度，请销假有请销假制度。制度的作用在于规范、协调、监督，企业没有制度，如同社会没有法律。因此，管理者要根据企业实际状况制定相应的人力资源管理制度，实现企业综合管理目标。比如，南方有一家国有制公司，因为缺少科学的人力资源管理制度，人员管理涣散，许多在岗员工从事与岗位无关或者损公肥私的事。后来，该企业效益下滑并改制重组。新公司成立，公司的新管理者采取了"制度管人"的方式，解决了人力问题。不仅企业效益得到了提升，该公司还有望上市。

管理者应如何制定人力资源管理制度呢？

一、做好保障工作，体现员工价值

互联网时代，员工已经不是为老板打工的员工，而是为自己打工的员工。他们向往成功，希望能够主宰自己的命运，实现自己的人生价值。现代企业人力资源管理的意义，就在于体现"员工价值"。因此，管理者要从体现"员工价值"的角度出发，做好一切保障、服务性工作。比如，给予编制、签订具有法律保障的劳动合同、提供福利、提供相对舒适的工作环境、提供晋升平台、建立有效诉求平台、关注员工成长、给员工培训及学习的机会等。当下，许多企业重视"人文"建设，把企业文化与职工文化结合在一起，打造企业软实力。事实上，这种做法效果很好。还有一些企业特别重视"平台"的作用，如搭建沟通平台，实现上下级交流；搭建员工风采展示平台，将员工的优秀"作品"进行展示。通过这些方法，员工能够燃烧激情、放飞自我，实现自我价值。

二、选择建设路径，体现管理价值

有一个改制股份制企业，一直没有人力资源管理制度。为了深化管理，走"深耕"之路，这个企业组建人力资源管理团队到优秀企业那里"取经"。经过半年多的摸索，这家企业结合自身特点，成功将管理经验嫁接进来，创建了人力资源管理制度。还有一些企业直接聘请"外部专业团队"为其量身打造人力资源管理制度。不管是模仿嫁接，还是自行摸索，首先要选择一条建设路径，其次要对企业本身的人力资源状况进行充分了解。比如，员工的学历分布、年龄结构、人力资源的优势和劣势、企业内部环境和外部环境、岗位状况、行业政策等。企业进行充分摸底后，再与探索的经验进行结合。只有这样，才能让制度适应企业，继而体现管理价值。

三、纵深管理维度，体现战略价值

互联网时代来临，许多企业依旧停留在传统的人力管理维度上。举个例子：某地方知名企业，虽然已经三板上市，但是依旧停留在"人事"管理的维度上，以"事"为核心，以"事"定人，让人围着"事"转，却体现不了人的价值。还有一些企业表面工作做得很好，工资按时发，福利也不错，甚至也有年假和晋升通道，但是缺少人文关怀和员工生涯规划，管理上根本没有"沉锚"效应。鉴于此，管理者应该深耕人力资源管理，真正做到以人为本，加大人才储备库建设力度。另外，管理者还要做大、做强"人力资源部门"，给予充分的人力调度权力。许多企业是老板一手抓经营，一手抓人事，不但精力跟不上，还容易犯"主观错误"。人力资源部门是主管部门，也是建立制度、推行制度的部门。人力资源管理一方面需靠制度，另一方面还要靠部门。与此同时，还要与其他管理相结合，增强管理结合度和增加维度，体现战略价值。

管子说："事将为，其赏罚之数必先明之。"这句话告诉我们，做事之前，要明确告知赏罚措施。言外之意，就是首先明确规矩，制定制度。由此看来，制定人力资源管理制度是非常必要的。

▶ 建立选人机制和科学选人观

科学的选人机制与选人观念同样是"规划篇"的重要内容。第一章中，虽然进行了简单的概述，但是具体的做法还需要进一步补充。企业管理者和 HR 管理负责人应该完善选人机制，建立相关标准。

一、完善选人机制

许多企业、组织没有合适的选人机制，导致企业出现了许多选人怪相。如"近亲繁殖"，任人唯亲、举亲不举贤的做法常常把企业组织变成了自己的"家庭聚会"；如"曲线救国"，听上去是对企业、人才的一种帮助，实则是一种另类关系选人法；如"萝卜招聘"，完全是定向的、关系式或者腐败式的定向选人方法。这些怪异的"选人"方式大多是钻了选人机制的空子，以权谋私，给企业、社会造成非常恶劣的影响。曾经有一家企业采取"三位一体"选人机制。所谓"三位一体"，就是完善教育机制、完善监督机制、完善惩戒机制。教育机制，就是加强人力资源相关的学习、培训工作，通过灌输相关科学知识，形成一种预防意识。监督机制，就是采取监督的方式提高选人公信度，防止选人腐败。惩戒机制，也可以称之为追责机制，对违规操作的干部绝不姑息，追责到底。三个机制互相作用，就能够形成一套较为完善的"选人机制"。那么，企业管理者应如何完善选人机制呢？管理者可从以下三点入手。

1. 阳光选人

公开选人过程，采取阳光选人机制。例如，有一家股份制企业，其前身是一家倒闭的老企业。老企业之所以破产重组，主要跟选人、用人不当有关。俗话说，将帅无能，累死三军。老企业选人，完全是"老板任命"式的，关系选人、走后门竞聘，结果老企业选择的干部大多是庸才，根本无法肩负起企业发展的使命。老企业改制之后，管理者痛定思痛，采取了"阳光选人"政策。选拔任命过程不仅公开、公正、透明，而且把伯乐相马变为伯乐赛马。能者上、庸者下，选拔结果更能服众。因此，管理者要为选人提供"阳光"环境，打破垄断选人、封闭选人的模式。

2. 科学选人

科学选人并不是一句套话，而是运用科学方法进行选人。比如，企业可以采取"四维观人"法进行选人。所谓"四维观人",就是从四个角度对员工进行全方位考察、评估。

（1）履历。一个人的工作履历,能够较为客观地反映出一个人的工作水平。只有那些履历好、工作业绩突出、没有"污点"的竞选人,才具备参选资格。

（2）口碑。口碑好坏较能客观、直接地反映一个人的人品,口碑好的人,有号召力的人,才具备参选资格。

（3）两龄一历。所谓"两龄",就是年龄和工龄,通常来讲,年富力强、有一定工作经验者才具备参选资格（能力突出、身体健康的人可适当放宽年龄限制）;所谓"一历",就是学历,学历高者比学历低者优先。

（4）其他信息。其他信息包括是否孝顺、能否做到邻里和睦、是否热衷公益或者慈善事业、是否具有较强的组织及公关能力等。通过"四维观人",可以总结出一套科学选人的机制。

3. 民主选人

选人更要顺应民意,选出有号召力、有公信力的人才。如今,许多管理者把选人当成企业管理头等大事。为了选拔到适应企业发展的人才,广泛争取部门领导、员工的意见,注重参选人的口碑、能力、责任感。另外,不要把"投票数"当成民主。有些"选票"并不能客观反映事实真相。孟子说过:"左右皆曰贤,未可也;诸大夫皆曰贤,未可也;国人皆曰贤,然后察之见贤焉,然后用之。"这句话就是告诉我们,真正的"民主"是经得起考察和考验的。

二、规范选人制度

俗话说,万事靠制度。制度相当于明文规矩,有了规矩,才能约束人不出现自由散漫、贪婪狡猾的行为,才能有方圆。那么,企业管理者如何才能规范选人制度呢?

1. 动议程序

所谓"动议",就是针对"选人"正式提交行动方案。通常来讲,"选人"由企业管理者直接负责，抑或由部门负责人民主推荐。这个推荐，可以是口头的，也可以是书面的。如果规范选人制度，则会要求"书面动议"。书面动议需要推荐人填写相关推荐材料，如入选者的名字、年龄、学历、岗位状态、工作业绩、工作特点等，材料越详细，越有价值。提交书面动议的目的，就是正式拉开"选人"帷幕，如同扣动发令枪扳机一样。"动议"是第一步工作，相当于"千里之行始于足下"，管理者要为自己的"选人之行"买一双鞋。

2. 严格考察

管理者要对推荐人提交的"选人"材料进行严格考察、落实。有位企业家说过："提拔干部，一定要从严落实。如果放松了要求，就会有'漏网之鱼'混入管理队伍，成为企业的不安定因素。"把好选人关，是整个选人过程最重要一环。习近平总书记在《习近平谈治国理政》中这样讲道："用人得当，首先要知人。知人不深、识人不准，往往会出现用人不当、用人失误。'不知人之短，不知人之长，不知人长中之短，不知人短中之长，则不可以用人，不可以教人。'对干部的认识不能停留在感觉和印象上，必须健全考察机制和办法，多渠道、多层次、多侧面深入了解。"由此可见，只有对"选人"进行全方位、多维度的了解与考察，才能"大浪淘沙始见金"！现实中，却有一些"把关不严"的选人案例，选出来的人员不是技能不过关，就是职业道德不行，给企业的管理经营带来风险。严格把关选人，是"选人关"最重要的一项。

3. 决议草案

新时代特色的人力资本管理，一定是讲民主的管理。决议草案上的名单，是一张经过严格把控后的名单，这个名单具有一定的科学性、权威性、可靠性。一方面，决策草案是对整个选人过程的总结；另一方面，能够较为客观地展现选人工作的过程和进度，给企业一个交代。这个环节，是民主讨论环节，并非"拍板"环节。

4. 提拔任命

任命是对整个"选人"工作的落实和完成。有一些企业管理者只提拔不任命，而是选择一种"代理任职"的方式，对任命一事择期而定。但是这种"代理"的方式缺乏诚意，对刚刚得到提拔的人而言也是非常不公平的。规范选人制度的目的，在于以科学选人为导向、发扬民主先进性、严格把控选人关，从而选出德才兼备的能人。提拔任命是"盖棺定论"，是非常重要的一项工作，管理者切不可马虎。

三、明确选人标准

设定人才标准，是 HR 管理的重要环节。选人不是简单做"选择题"，而是一项需要综合考量、评估的管理工作。随着互联网时代的到来，企业对人才的需求与过往不同。通常来说，选人可以坚持以下五个标准。

1. 学习力

学习力与学历不同，学历只是某个阶段学习水平的标志，并不能反映出学习力的状况。俗话说，学无止境。通过不断学习，人们可以不断获取新知识、新技能。如果学习力不强，就难以在互联网时代立足。如今，有些管理者只看重学历，认为学历代表一切。事实上，许多人大学毕业之后，便停止了学习。他们认为：大学毕业证才是通行证。因此，管理者选人，应该偏重学习力而非学历。另外，一些企业采取"绩效考核"的方式去检验员工的学习力，绩效也是衡量学习力的一种有效方式。

2. 工作经验

以前的部分管理者是"唯经验主义者"。他们认为，经验不是学来的，而是通过长期、大量实践摸索总结出来的。选人，就选有丰富工作经验的人。这个做法，看似有些"势利"，却能够让一个人快速适应岗位，进入工作状态。有一位企业老总发牢骚："在某某公司做过管理，有几年管理经验，张嘴就要一万元月薪，还以为我这里是慈善机构呢。"工作经验就是一种资本。管理者选人的衡量角度，理应侧重一个人的经验价值，而非月薪。如何才能发现工作经验丰富的员工呢？某企业的一位管理者说："岗位成绩和岗位贡献突出者，往往拥有较为丰富的工作经验。经验是量变引发质变，质变即'经验'。"

3. 责任心

有责任心的人，自我要求比较高。举个例子：某企业刚刚提拔一名年轻干部负责市场公关工作，这名年轻干部对自己、对属下要求都非常高，而且凡事亲力亲为，表现出一种极强的责任心。企业老总认为："责任心就等于放心！"能够把工作的接力棒交给这样的人，至少不用天天耗费大量精力去监督员工。另外，有责任心的人能够坚持以工作目标为导向，发扬不怕苦、不怕累、敢打敢拼的精神。

4. 忠诚度

有人说，许多人才不是恃才傲物、桀骜不驯的吗？笔者个人认为，人才或许是"难以管理"的，但是企业选才的标准与这类"人才"的标准不完全一样。企业选才，需要那种能够认可企业、认可管理文化、认可管理者，能够安心在企业长期奋斗的人。如果这个人脾气怪异、不服从管理，稍有不顺心便选择跳槽，这样的"人才"，就不是企业要找的人才。虽然社会上流传着一句"绩效比忠诚重要"的话，但是忠诚度依旧是"企业型人才"的特有标志。

5. 懂得感恩

当今社会，很多人都缺乏感恩之心。一方面，是快速发展导致物质与精神脱节，人们心灵上缺少沉淀与追求；另一方面，则是不正确的价值观导致的。许多企业把"感恩文化"注入企业管理中，就是希望能够唤醒人们的这种最宝贵的灵魂。不抱怨，懂得感恩，是一名优秀人才的标志。古人言：谁言寸草心，报得三春晖。知恩图报者，才是当今社会、企业最需要的人。

四、建立胜任职位素质模型

什么是"胜任素质模型"呢？就是为了提高核心竞争力，根据企业发展需求而设计的一款人力资源管理工具。素质模型就是一种"能力鞭策"工具，它包括：技能、知识、价值观、自我定位、需求动机和人格特质六个元素。根据这六个元素，就能开发出"冰山"素质模型。其中，技能、知识是"冰山"模型的显露部分，价值观、自我定位、需求动机、人格特征是"冰山"模型的隐藏部分。

1. 技能

技能是一个人最重要的生存武器，技能越熟练，越能够创造出价值。通常来讲，人们常常用技能衡量一个人的能力。社会发展到现在，人们对技能有了全新的认识。胜任模型里面的"技能"，特指工作技能。工作技能是胜任素质模型中最重要的因素。通常来说，有熟练的技能才能胜任相关工作。

2. 知识

知识并不能直接转化为"胜任力"，但是知识是一种"载体"，没有知识，也就很难提升技能和综合素质。知识与技能如同一对孪生兄弟，是彼此不分家的。一个企业想要培养自己的人才，需要给员工提供学习平台，让员工丰富相关专业知识。

3. 价值观

俗话说，一个人有什么样的价值观，就有什么样的追求。在一个企业里，企业需要的人才应该具备同组织相一致的正确价值观。对于管理者而言，对员工输出"正确价值观"，能够帮助他们形成"价值意识"，这样才具有管理意义。价值观是隐藏在一个人灵魂深处的东西，属于一种"潜质"，因此帮助员工开发这种"潜质"就显得十分有意义。

4. 自我定位

自我定位，是自己给自己定下的目标。比如，有些人想当老师，老师就是其自我规划；有些人想成为马云这样的超级管理者，马云这样的角色就是其自我规划。在一个企业中，管理者要找的人，是那些立志成为最有价值的员工或企业管理者的人。只有这类人，才更具备培养、提拔价值。

5. 需求动机

动机，是一种内在动力。每一个人，都有自己的动机。在企业管理中，需要管理者的鞭策和激励，才能让员工产生并加强这种动机。或者说，动机是一种需求。马斯洛的"需求层次论"中的五个层次的需求，呈现递进关系。当一个低级别的需求得到满足，才能触发更高级别需求的动机。因此，激励员工产生与企业发展相一致的动机，是十分有必要的。

6. 人格特征

世界上没有相同的人格，人格特征却能够决定一个人的成长高度。因此，管理者要对企业内的员工或者"参选者"的人格特征进行分析，抑或借助计算机进行精准分析。管理者通过分析员工的人格特征，就能够找到员工的思维方式、工作习惯，从而有针对性地进行管理。

根据以上六个元素，管理者就可以开发"胜任素质模型"了。开发过程，可以参照业内知名企业的开发流程。有了属于自己的胜任素质模型，才能构建有特色的企业人力资本管理系统。

五、树立科学选人观

科学选人观，就是科学选人的指导思想，是一种择人、选人、用人的智慧结晶。科学选人观不仅要符合科学发展规律，更要体现以下四个优势。

1. 灵活的选人机制

传统的选人机制，是非常死板的。一些传统企业选人，通常是老板任命制。只要老板一发话，选人工作就结束了。与此同时，得到老板任命的人似乎一劳永逸，即使犯了错，也常常是去权不去职。科学选人观，则是采用一种灵活、民主的选人模式。这种选人模式，真正体现"能者上、庸者下"的原则，想要一劳永逸、干到白头到老的干部，显然不适合这种模式。还有一些企业采取"先民主、后集中"的选人方式，这种选人方式既能够让员工参与选人，还能够兼顾管理者的"利益"，是一种"弹性十足"的选人方式。

2. 先进的选人方法

许多企业不仅有科学的选人观，更有科学、系统的选人操作系统，这套系统可以将员工的日常工作、行为、学习力、思想状态等进行综合分析与评估。这种选人方法，比传统的选人方法更加先进、有效，而且能够打破人脑局限，将客观评价与实践活动结合起来。例如，阿里巴巴采取了一种"北斗七星"选人法，这种方法有七个选人标准，即诚信、要性、喜欢干销售、言出必践、悟性、又猛又持久、OPEN。通过这样的科学选人法，阿里巴巴找到了自己所需的人才。

3. 公开的选人程序

许多企业选人、用人完全是空降式的，甚至所选的人令人大跌眼镜。举个例子：某企业刚刚任命了一个营销总监，但是此人是学管理出身，毫无营销经验。许多销售员工不敢相信自己的耳朵："这个人是怎么当上总监的？"虽然管理者选人、用人有一套自己的想法，但是过程要公开、透明、有说服力。科学用人观，就是将选拔过程透明化、公开化。

4. 有力的选人监督

"萝卜招聘"、越俎代庖等现象层出不穷，选人过程屡遭外界干扰，这样的选人方法，不仅缺乏公信力，而且毫无民主可言。科学选人观，就是让选人监督更加有效，让外界干扰因素无空可钻。监督越有力，选人、择人才越能体现公平、公正、科学、合理。

六、选人纳入管理考核

许多企业组织因为缺乏相关追责机制，错选的责任人并不会因此承担相关责任。还有一些企业，选人、提拔完全是管理者自己说了算，即使有追责机制，也只是摆设。选人是一项重要而具体的工作，将其纳入考核就是为了端正选人态度，坚持科学选人原则。管理者将选人工作纳入考核有三大作用：一是以考核成绩为导向，选出有实干成绩的人才；二是借助考核，端正参与者的态度，树立一种良好的工作作风；三是将考核成绩与薪水、职位挂钩，从根本上调动参与者的积极性。只有这样，才能严控选人工作，将选人工作具体化、细致化、责任化。

如果一家企业能够坚持完善选人机制、规范选人制度、明确选人标准、建立胜任职位素质模型、树立科学的选人观并将选人工作纳入管理考核，也就能够做好科学选人的准备工作。

▶ 人力资源管理成本的核算与控制

企业管理，不仅消耗人力，也消耗一定的管理成本。一个企业打造人才智库，成为人力资本型企业，同样需要花钱。例如，某企业为了提高员工技能，花钱聘请专家对员工进行培训，培训支出就是一种人力资源管理成本。中国有句老话，花小钱办大事。企业管理者要想追求利益最大化，就需要对人力资源管理成本进行科学核算与控制。

人力资源管理成本都有哪些呢？简单来说，人力资源管理成本由直接成本和间接成本组成。直接成本就是实施管理过程中直接产生的费用开支，如培训费、保险费、开发费等；间接成本是管理过程中随时间、空间等形式衍射出来的成本，如离职成本、空岗成本等。控制人力资源管理成本，就是从这些"地方"下手，找到成本流失的"点"，想办法控制，并完善人力资源管理体系和财务管理体系。

一、管理者要进行人力资源成本的核算工作

核算成本，就要选择人力资源成本核算的方式方法。通常来讲，人力资源成本核算的方法有三种。

1. 原始成本核算

原始成本是占据人力资源管理成本比例最大的一项。原始成本包括三部分成本：取得成本、开发成本和使用成本。取得成本主要指人员招聘过程中所发生的一切费用，如招聘成本、录用成本、安置成本等。开发成本主要指员工开发、培训等产生的费用。使用成本主要指调剂、奖励所产生的费用。管理者或者 HR 专员应该与财务管理人员进行对接，对这类成本进行登记、汇总、核算。

2. 重置成本核算

重置成本主要指重置职位等所产生的费用。例如，某个人离职需要找另外一个人顶替，这个过程所产生的费用就是重置成本。重置成本又由职务重置成本和个人重置成本两部分组成。这种成本主要体现在解雇人员所产生的赔偿金、岗位人员缺失造成的生产流失成本以及效率流失成本等。

3. 保障成本核算

保障成本就是保障员工身体健康、生产安全、退休养老、失业保障等产生的费用。这类费用一般由人力资源部门的专人负责，他们负责记录各种支出数据，再进行汇总，这就是保障成本的核算方式。

二、管理者要进行人力资源成本的控制工作

管理者针对原始成本、重置成本、保障成本，可以分门别类进行控制。如原始成本中招聘、录用、安置、培训、拓展等产生的费用，均属于可控成本。对于可控成本，管理者可以通过提高招聘成功率、业务外包等手段控制此类成本。对于职位等不可控成本，管理者要从企业角度出发，以"利益最大化"为目的做好成本控制工作。针对重置成本，企业首先要做好"用人""留人"工作，借助人才战略、激励机制、文化感染，让员工建立归属感，降低人才流失率，就能够降低重置成本。针对保障成本，管理者要提供优良的工作环境，保障员工的身体健康。俗话说，健康的体魄是员工的本钱，也是企业发展的本钱。

互联网时代下，企业管理者更应该从"人性"与"人文"角度出发，把人力资源成本当作一种"转化成本"去投入，而非节省开支。只有做到人尽其才、人尽其用，才是对人力资源成本的最佳控制。

第三章

HR 管理重要一环：职业规划

▶ 职业规划的重要性与"五步走"

谈到"生命"二字，我们总会觉得这个话题有些沉重。但是对待"生命"的观点，却惊人的一致。比如，人生苦短，当以珍惜；比如，人生没有回头路，要活得精彩；比如，如能善于利用，生命当悠长。大作家罗曼·罗兰认为："人生不发返程车票，一旦出发了，绝不能返回。"俗话说，开弓没有回头箭。还有句俗话：世上没有后悔药。某老年大学让 50 名 65 岁以上的老年人诉说一生中最"悔不当初"的事，结果很有趣。11 名老人觉得自己小时候没有认真读书；8 名老人觉得把大好青春浪费在游山玩水上；19 名老人认为自己入错了行；7 名老人认为自己最后悔不过的是没有认真谈过恋爱；5 名老人认为年轻的时候没有追求，错过了很多机会。悔不当初，不是一个褒义词，完全是讽刺一个人没有人生规划，到了暮年才开始幡然醒悟，但为时已晚。

有这样一种言论：计划不如变化快，活在当下、顺其自然就好。还有一种言论：走一步看一步。这些言论，几乎出自同一类人之口。许多人没有人生目标，更没有人生规划，就像一个人解决一顿晚餐，敷衍一下即可。但是那些美食家对待晚餐，就像对待自己的初恋情人一般认真，从写好菜谱、准备食材，到点火烹饪、摆盘上桌，无论哪一步，都是按照既定规划的路线进行的。正因如此，有些人成了美食家，有些人还在为一顿晚餐而发愁。前面铺设文字这么多，目的只有一个：告诉大家职业规划真的很重要！

古人言：生于忧患，死于安乐。"忧患"是一种"危机意识"。古人又言：人无远虑，必有近忧。这句话体现得更加淋漓，可以称之为"居安思危"。《周易·系辞下》中曰："危者，安其位者也。亡者，保其存者也。乱者，有其治者也。是故君子安而不忘危，存而不忘亡，治而不忘乱，是以身安而国家可保也。"这句话也是告诉我们，坚持"底线思维"，才能居安思危、知危图安。如果一个人有了职业规划和人生目标，就能做到"将军赶路、不追小兔"。俗话说，心中有座山，人生才能有目标。能够攀上珠峰的人，一定是意志力坚强、不服输、敢于向目标发起冲击的人。

有一个年轻人，他从小热爱跑步，非常崇拜马拉松传奇人物罗恩·希尔。后来，这个年轻人立志想要跑遍全球每一条跑道，像罗恩·希尔那样在马拉松名人册里留下自己的名字。

这个年轻人给自己的新年礼物，就是用零花钱买的一双跑马拉松专用鞋。为了提高耐力和成绩，他开始学习大量关于运动科学的知识，每天为自己规划路线，并坚持跑完全程。随着时间延长和年龄的增长，这个年轻人的马拉松成绩有了长足的进步。

他开始有计划地报名参加区域性马拉松比赛。当他夺得第一个马拉松冠军后，他又开始挑战级别更高的比赛……日复一日的坚持，使他几乎走过所有成功者的轨迹，一步一步到达自己的人生巅峰。后来，这个年轻人终于成为世界马拉松冠军，并进入马拉松名人堂。

职业生涯规划等同于一个人的梦想蓝图，勾绘自己的人生梦想和目标，就能够制订出一系列计划，一步一步付诸行动。另外，有目标、有规划的人，往往能够正确地认识自己，评估自己，发挥特长，扬长避短，克服一切困难，展现出自己的意志力和潜能，从而抓住机会，实现人生跨越。

俗话说，选择一条路，就是选择一种命运。对于一个人而言，选择一个企业，也就意味着选择了一条人生之路。某企业员工感慨："工作几十年，半辈子都是在企业里度过的。企业好，你就跟着好；企业不好，你也就跟着坏！"好与坏，是企业的命运，也是员工的命运。有一位企业家认为："要把企业的命运与员工的命运捆绑在一起，就需要企业管理者拿出诚意，拿出解决问题的办法。"企业价值与员工价值属于一种共同价值，为员工绘制"人生蓝图"，提升员工的价值，就是为企业创造财富。管理者想要做到这一点，就需要坚持职业规划"五步走"战略。

第一步：营造良好的岗位环境。

一个有实力的企业，往往有良好的工作环境和竞争环境。通常来说，管理者根据企业经营现状，对岗位、晋升渠道、技术培训、资源分配等进行合理优化，给员工成长创造一块更加适宜成长的土壤。

举个例子：某企业按照素质模型、技术模型进行人力分配，让每个人都能够到最适合自己的岗位上工作，减少了不良竞争带来的问题。俗话说，土壤肥沃，合理种植，才能高产。营造良好的岗位环境，才能给员工营造发展的空间和展示价值的机会。

第二步：为员工设计职业生涯规划。

并不是每一个人都有自己的职业生涯规划。茫茫人海中，有计划者甚至是少数。作为员工的主管部门，企业有权利和义务为员工设计职业生涯规划。例如，有些企业HR会定期与员工进行交流，通过沟通了解员工的想法和需求，并给予正确引导，让其主动设计人生蓝图。还有一些企业，选择使用"测评工具"进行调查，然后将相关"数据"导入，再借助"能力模型"或"岗位模型"对员工进行科学规划，并为他们制定梦想蓝图。

第三步：打造"能力开发"平台。

一个人的能力，并非天生"神力"，大多是后天刻苦训练、学习所得。因此，管理者要想尽办法为员工打造"能力开发平台"，如提供培训、拓展、脱产学习、岗位实践等机会，让员工边学边练，以理论带动实践，提升员工的整体能力。员工能力得到了提升，执行力也会随之加强，受益的当然是企业。现实中，许多企业管理者采取"培训+辅导"的方式提升员工的能力，还有一些企业则定期送部门员工去其他企业或者外地学习。

第四步：对"能力结果"进行评估。

就像绩效评估一样，经过一段时间的管理与开发，阶段性地对员工进行能力评估，就显得非常有意义了。举个例子：有些企业借助"评估能力表格"对相关项目进行打分，然后根据分数进行划分：满分为100分，80分以上为优秀，60分为及格，60分以下为不及格。评估结果的差异，就是员工个体发展的差异。根据评估结果，需要重新制定修正方案。当然，"评估能力表格"并不能够起到对员工进行全面评估的作用，企业管理者还要结合员工的日常行为表现和绩效成绩进行综合评估。

第五步：建立"修正"方案，为员工重新规划"蓝图"。

对于那些正确行走在人生与理想道路上的员工而言，管理者应该充当"环卫工"的角色，定期为他们清扫"垃圾"。对于那些评估分数较低、能力始终不达标者，还需要为其重新规划职业生涯蓝图，帮助他们缩小与优秀者之间的差距，鼓励他们建立自信，跟上企业发展的步伐。

企业管理者是员工的"造梦人"，给员工梦想，员工才有跟随企业前进的动力。

职业对员工的四大要求

曾经有一个招聘网站做过统计，59%的企业对员工的技能有相当高的要求；

27%的企业对员工的职业综合素质有很高的要求，其中职业综合素质包括职业技能素质和职业道德素质；9%的企业还要求员工有进取心，需要他们能够适应高强度的岗位工作；5%的企业还关注员工的心理素质、情绪状态及相关知识的积累、价值观的建立等。简要概括，企业或职业对员工有以下四大方面的需求和要求。

一、知识

俗话说，时间就是生命，知识就是力量。知识是一种非常重要的"DNA"，有知识的人与无知识的人在对世界的认知、事物的判断、技能的提升、价值观的形成、制度的解读、企业文化精髓的领悟上，存在着明显差距。以知识作为基础和堡垒，才能让自己变得有竞争力。互联网时代，大多数企业走"知识型""学习型"发展之路，因而对爱学习、知识丰富的人才更加信赖。企业管理者不仅要招募知识型人才，还要搭建学习平台，让知识传递知识，让知识承载文化。有人问："如何判断一个人拥有足够多的知识呢？"比如，企业对拥有专业职称或者符合专业考评等级的员工进行聘任，而这部分员工通常拥有较为丰富的专业知识。

二、技能

技能是一个人生存的本领，有狩猎本领的人是猎人，会捕鱼的人是渔夫，能够传道授业解惑的人是老师，能够加工各种生产资料的人是工人。可以说，每一种技能对应一种职业。有一个怪现象：许多企业更喜欢招募技术蓝领而非本科毕业生。其实，这类企业需要的是技能，而非学历。技能是一种适应能力，使员工能够迅速适应相关的工作岗位。如果一个企业耗费大量人力、物力、财力去培养一名技术能手，恐怕是得不偿失的。直接招聘有技能等级证书的人才，能够节省许多开支。互联网时代的来临，使企业部门与部门之间的联系更加紧密，对多技能人才的需求量大大增加。招聘或者培养多技能人才，对"联动工作""跨界兼职"等有着积极作用。

三、职业道德

职业道德也是老生常谈的问题，从古至今，选人都是以德为先、德才兼备者为佳。"德"字在前，就说明职业道德的重要性。举个例子：某企业有一名生产能手，向企业索要待遇未果，便辞职投身同行业竞争公司，并把该企业的相关信息完全透露给竞争公司。有人说，职业道德就是"良心"，如果一个人失去了良心，想必人人都会排斥。恩格斯说过："实际上，每一个阶级，甚至每一个行业，都有各自的道德。"医院需要有医德的医生，学校需要有师德的老师，企业需要有相关职业道德的员工。巴尔扎克也认为："行业尽管不同，天才的品德并无分别。"坚持以德为先、德才兼备的选人、用人策略，是企业人力资源管理的重要一环。

四、个性特质

互联网时代，完全是一个个性开放的时代。企业员工从默默无闻逐渐走向前台，成为最美丽的风景线。能够让不同的色彩在企业不同的岗位上绽放，同样也是当下人力资源管理的课题。比如，有些企业，特别需要朝气与创新，对思想活跃、性格开朗、有进取心的人才有特殊需求。还有一些岗位需要员工拥有一定的气质和形象，比如，营销、攻关、培训等岗位。还有一些企业岗位，选人要求则是将技能与气质结合。俗话说，个性决定人生。个性特质能够对一个人的职业生涯产生重要影响。

除了以上四大要求，职业对员工还有精神力、专注度、创新意识、自我学习等方面的要求。只要管理者树立正确的选人观、用人观，就能够做好人力资源管理工作。

≫ 聚沙成塔的职业规划分类

一个人的生命，从青涩到成熟，从成熟到有所成就，是一步一步走出来的。

就像建一座金字塔，首先建造金字塔的基础，然后一层一层添砖加瓦，直到封顶，筑成金字塔。但是每走一步，都要按照计划进行，如果没有规划，也就无法建成金字塔。因此，我们把职业生涯规划分类看成一个"聚沙成塔"的模型。金字塔的每一层，代表着职业规划的一个阶段。短期规划是金字塔的每一块砖，中期规划是金字塔的一层，长期规划是金字塔在某个时间段需要完成的工程量，整个职业生涯规划就是整个金字塔。所以，人的整个职业生涯规划可以分为短期规划、中期规划和长期规划。

一、短期规划

短期规划，一般指两年之内的规划。对于职场新人而言，两年之内能做好哪些事情呢？通常来讲，两年时间属于适应工作与调整状态的时间，一切计划与准备都是为了打牢基础。如学习，通过学习掌握一定的知识和技能。如熟悉岗位环境，了解企业文化，形成一种责任意识。两年时间，恐怕任务很重，需要员工与管理者共同努力才能实现目标。例如，某企业给新员工制订了"三个计划"：第一个计划，是学习计划。企业为员工提供为期一年的培训学习的机会。第二个计划，是实习计划。所有的新员工都必须下基层部门或者在销售一线进行实习。第三个计划，是定岗计划。该企业给工作满一年的员工定岗，并要求员工学习岗位手册。对于职场新人而言，短期目标要解决四个"做什么"的问题：喜欢做什么？适合做什么？擅长做什么？能够做什么？解决了这四个问题，就能找到自己的职业定位。换句话说，短期规划阶段就是个人定位与打基础的阶段。

二、中期规划

中期规划，一般指两年至五年的规划。许多人能够在第一个五年生涯里积攒足够多的经验，甚至可以独当一面，小有成就。有一个企业员工为自己制定的中期目标是具备一定的管理能力和素质，能够成为企业的中流砥柱，并成为企业中的一名普通管理干部。这个员工为了实现这个阶段的目标，可谓充分燃烧自己的工作激情，释放自己的能量。通过自己的努力，这个员工当上了副主任，实现了自己的目标。在这个阶段，员工应该具备三种能力，即人际关系处理能力、积极应对挫折的能力、高质量持续工作及高强度抗压的能力。具备了这三种能力，才有可能实现更好的梦想。

三、长期规划

长期规划，一般指五年至十年的规划。如果人的职业生涯有三十年，长期规划则占据了职业生涯三分之一的时间。对于一名员工而言，十年工龄，已经是企业里的"老同志"了。这样的员工，年富力强，技能熟练，完全是企业的"当家人"，能够把企业发展重任扛在自己的肩上，实现职业生涯的飞跃。例如，一名员工的长期规划是成为企业的一名中层干部或者部门经理，享受到年薪待遇。因此，他需要努力做好三个工作：一是通过学习，进一步提升自己的综合能力；二是具有更加开阔的视野和改革创新的精神；三是减少自我陶醉，重新审视、思考员工与企业的关系、工作与家庭的关系。只有做好这三个工作，才有可能走上人生巅峰之路。

大文学家歌德说过一句话："人生重要的事情就是确定一个伟大的目标，并决心实现它。"短期、中期、长期规划，不仅是人生的三个阶段，更是一条连续的职业生涯的"曲线"。因此，它需要一名员工拥有积极健康的心态，谦虚一点、谨慎一点、认真一点、投入一点、耐心一点、多学一点、努力一点，能够找到成功的关键因素，将自己的技能、思想、意识转化为对企业有价值的东西。如果一个人有这样的职业规划和目标，想不成功都难！

▶ HR管理者的相关任务

HR管理者是一个企业人力资源管理方面的领头人，只要牵扯到"人"的问题，都需要他直接或者间接去解决。换句话说，HR管理者也是人力资源管理的具体实施人和执行者。互联网时代，HR管理人将肩负更多的责任，不仅要帮助企业适应新时代的人力资源环境，还需要帮助企业构建新型人力资源系统，建立人才智库，为企业经营提供新思路。

知名学者杰佛瑞·菲佛说过一句话："资方应将劳动力视为竞争优势资源而非成本。"事实上，人力资本才是企业最重要的资本。充分利用人、发掘人的价值，就能够让企业价值实现倍增。举个例子：有一家高科技公司，公司内的每一名工程师都具备超强的开发能力。公司老总认为："这家公司的固定资产不超过500万元，但是人力资产超过一个亿。这些工程师去任何一家公司，都可以创造数以百万元的年营业额。"互联网时代，人才才是最稀缺的资源。HR管理者欲实现企业人力资源总目标，需要完成以下相关任务。

一、上传下达，进行组织、实施工作

HR管理者是人力资源部的负责人，也是一个企业的中层领导。中层领导位于"腰部"位置，首先要把承上启下、上传下达的工作做好。其次要对上级传达的相关政策进行解读、分解、落实。

二、传播正确的人才管理理念

上传下达只是基础任务，更重要的任务是把正确的人才管理理念传播出去。通常来讲，高层管理者会把想法、意识传达下来，但是这些内容非常笼统，没有形成体系，这就需要HR管理者进行理解、总结，转化成可以输出的理念性程序。然后再将这个"程序"按照不同层次、维度进行传播，渗透到企业的每一个岗位。

三、做好相关的沟通、劝导工作

一个企业，员工众多，各种人事关系盘根错节，加之每个人对企业文化、岗位制度、薪资薪酬、福利待遇、劳动权益等解读不同，常常会造成误会，引发个人情绪上的问题。HR 管理者要定期走到基层岗位，了解员工心理动态，做好沟通、劝导工作，让员工安心工作。

四、对员工的工作作出评价

对员工进行评价，同样也是 HR 管理工作的一项重要内容。比如，许多企业都进行绩效管理考核，结合员工的绩效成绩，相关部门会对员工工作进行评价。HR 管理者要借助科学的评价方法和相关制度，按照流程进行科学评价。评价结果要汇总成册，定期进行跟踪盘点。通常来讲，员工岗位评价结果能够给人力资源调配、绩效考核、薪水奖金发放、提拔晋升等工作提供可靠的依据。

五、控制人力资源管理成本

如今，人力资源成本能够占到企业总成本的 15%，对于非生产型企业来讲，占据的比例更大，甚至超过 30%。控制人力资源管理成本，同样也是一种为企业创造利润的方式。HR 管理者作为企业人力资源的具体设计者和实施者，控制人力资源管理成本就成了一堂"必修课"。

六、寻找企业各种经营目标的关系

通常来讲，一个企业有多个部门，每个部门都有自己的任务和目标。这些目标看似是"独立存在"的，却存在着相互关系。如采购部物资采购总额和总节支额与销售部的销售总额与总盈利额存在一种"动态"关系。找到了这种关系后，HR 管理部门经过高层授意，才能科学地为各部门制定经营目标、下发经营计划和经营任务。

管理大师彼得·德鲁克在《有效的管理者》一书中这样写道："管理者的一项具体任务就是要把今天的资源投入到创造未来中去。"HR 管理者的任务同样如此。这个任务看上去非常艰巨，但只要相关任务分配到位，坚持科学的人才管理理念，也就能够实现企业的总体目标。

对职业生涯"三阶段"员工的管理

职业生涯规划对每个人来说意义重大。短期规划,让自己能够适应工作岗位;中期规划,让自己变得更有竞争力;长期规划,让自己成为更有价值的人。互联网时代的人力资源管理,不仅要为员工提供职业生涯平台,还要借助具体方法帮助员工实现自己的愿景,体现自己的价值。

一、对职业生涯初期员工的管理

职业生涯初期,大多数员工由于经验不足、适应性差、技能不够熟练、没有建立人生愿景等,无法承担企业的重要工作。现实中,许多企业管理者没有耐心,甚至一些管理者认为:"如果员工不能够'即插即用',也就无法胜任自己的工作。"这样的主观用人法是非常荒谬的。在这个阶段,管理者要为员工提供以下四种帮助。

1. 思想、情感引导

新员工刚刚进入职场,大多会出现不适应的情况。从学校到企业,角色的转变会引起情感、思想上的波动。因此,管理者要搭建平台,对新员工进行正确引导。

2. 提供学习机会

学习是快速提高技能的一种手段,为新员工搭建培训、学习的平台是十分有必要的。

3. 灌输企业价值观

新员工刚刚进入企业,并不了解企业的文化理念、价值观等,工作中会表现出与价值观不符的状态。管理者对新员工进行企业文化的熏陶和价值观的灌输,有利于员工责任意识、归属感的建立。

4. 展示企业愿景

管理者只有展现企业愿景和前景,才能让新员工有追求的目标和希望。

二、对职业生涯中期员工的管理

处于职业生涯中期的员工，工作时间延长，技能与经验积累丰富，大多已经是企业的核心员工。另外，企业的核心员工是企业发展的主力军，企业对这类员工有着较大的依赖性。因此，企业管理者要处理好这些员工的心理需求和人生需求，为他们提供更好的平台。对于这个阶段的员工，管理者应该为他们提供以下帮助。

1. 提供新目标

许多员工沉积了五年之后，需要有新目标才能前进。因此，管理者应该重新为他们规划职业生涯，确定新目标。

2. 加强思想指导工作

在这个阶段，有些员工上升到一定的人生平台，但是大多数依旧"原地踏步"。管理者要根据实际情况，加强员工思想指导，帮助他们重塑信心，重新建立人生坐标。

3. 提高工作安全性

处于职业生涯中期的员工，多数有了婚姻家庭，为他们提供有保障性的工作岗位合同，是非常有必要的。

4. 让他们帮助新人

许多企业发扬"传帮带"精神，就是让老员工帮助新员工一起发展。在"帮助"过程中，双方能够加深了解、增进感情、发扬集体主义精神。

5. 提供知识更新平台

对待这类员工，依旧要像对待"新人"那样，提供学习平台，让他们通过学习，更新自己的知识，提高自己的技能。

三、对职业生涯后期员工的管理

处于职业生涯后期的员工，完全是企业的"老员工"。俗话说，"家有一老，如有一宝"。让老员工发挥"榜样"作用，才是管理者应该做的工作。有一家企业特别人性化，不仅尊重老员工，而且重新为老员工进行职业暮年的规划，如给予"缓冲岗位"，或者将其"聘任"为岗位顾问等。通过这种方式，安抚了老员工的情绪，让老员工继续为企业发挥能量，贡献自己的宝贵经验。

1. 注重引入"老年人才"

人才不分年龄，有经验的老员工甚至更值得尊敬。如今，许多企业通过"返聘"等方式给老员工提供发光发热的机会，弥补企业管理经验层面上的缺失。

2. 给"老员工"精神归宿

老员工如同一匹老马，叱咤风云多年，早已习惯职场上的风风雨雨。想要让他们展现价值，需要满足其一定的精神需求，如赋予一定的权力等。

3. 不要轻率地用新员工顶替老员工

企业环境非常重要！营造一种"家"的感觉，就需要管理者重视老员工，给老员工保留职位和岗位，满足老员工对于"归属感"的需求。

对于每个阶段的员工，管理者都要认真对待、科学管理。员工是企业发展的基石，企业发展与员工的年龄、职业生涯阶段无关。对不同阶段的员工采取不同的管理方法，才是明智之举。

第四章
建立招聘体系，广纳人才

▶ 互联网时代下的招聘

互联网时代来临，赶集摆摊式的传统招聘已经非常罕见了，招聘逐渐从线下转移到了线上。我身边的许多企业朋友，都是借助互联网招聘平台发布企业招聘信息。他们有一个共同的看法：未来，互联网招聘将会取代传统招聘。互联网不仅为百姓生活提供了便利，更为企业招聘创造了条件。企业选择互联网招聘，不仅招聘成本低廉，还能够广纳线上人才。

有一家肉制品加工企业，招聘肉类分割师。现实中，这样的人才并不多，能够招聘到业内人才就是一种运气。最初，这家公司选择传统招聘方式。HR专员每周二、周六去人才市场设置招聘摊位，坐等应聘人员上门。虽然前来应聘的人员众多，有经验、技术熟练的肉类分割师却没有。HR专员非常着急，企业老板也纳闷："怎么招不到人呢？人都哪去了？"后来有人建议："不妨尝试一下互联网！"

这家企业的HR专员开始在网络发布"肉类分割师"的招聘信息，并承诺提供月薪 6000 元及五险一金等优厚待遇。他们选择了一些专业招聘网站，如智联招聘、58 同城、前程无忧等，甚至还联系了微信招聘平台，在微信平台上发布相关招聘信息。不到一周，就有 8 名有经验的肉类分割师前来应聘。通过这种方式，这家肉制品加工企业不仅招募到了人才，而且总结出一套互联网招聘经验。

这几年，中国互联网招聘平台发展非常迅速。这些平台不仅为企业提供了便利，而且把社会人才汇聚在一起。在这个平台上，企业与人才可以进行双向沟通与选择。通常来讲，互联网招聘模式具有以下三大优势。

一、方便快捷

互联网传播速度快，企业刚刚发布的新信息，线上应聘者马上就能看到。因此，企业可以快速选择应聘者，应聘者也可以快速浏览企业发布的招聘信息。对于应聘者而言，他们可以选择感兴趣的企业和岗位，迅速把个人简历投递出去。还有一些网站提供"通讯小贴士"，这种"通讯小贴士"类似于 QQ 交流工具。通过"通讯小贴士"，企业可以与应聘者直接进行一对一交流。互联网招聘平台是一个"企业库"与"人才库"。企业可以通过选择、检索相关人才的简历，快速选择匹配度高的人才，方便快捷。比如，某企业选择智联招聘和人才无忧网站发布人才招聘信息，信息发布快速便捷，应聘者可以即时看到该企业发布的信息，并精准投递出个人简历。

二、不受空间、时间制约

传统招聘通常有两种方式。一种是摆摊人才市场，坐等应聘者上门，不仅招聘时间有限，而且约束在某一人才市场内；另一种是报纸招聘，报纸印刷、发放的数量有限，而且购买报纸的人也越来越少。互联网招聘比起上述二者就有着巨大的优势。互联网招聘不仅不受空间、时间上的约束，招聘者还可以浏览异地招聘信息，选择范围也更加广泛。比如，招聘信息发布者只需要登录相关招聘网站发布招聘信息即可，既可以在 PC 客户端发布信息，也可以直接用手机或移动互联网设备发布信息。

三、招聘成本低

传统招聘有着非常明显的费用支出。如摆摊人才市场，摊位租赁费、员工交通费、资料费、宣传费等，这笔费用并不低；如报纸招聘，报纸版面越大，广告费用越高。互联网平台虽然也有针对"会员企业"的收费，但是年收费远远低于传统招聘的开支。另外，互联网招聘平台还能够提供线上面试机会，通过面试的应聘者可以直接来企业参加笔试或者直接上岗入职，不仅提高了招聘效率和精准度，而且还减少了舟车劳顿的麻烦。

对于企业管理者而言，转变招聘思维，坚持"互联网"人才战略，选择适合企业的招聘网站，搭建"企业—人才"互信平台，才是顺应时代发展的聪明之举。

≫ 人才招纳需求分析

招聘是科学而系统的工作，并非只是简单地招揽人才而已。有一家企业，斥重金招募了一位业内管理专家。但是这位专家来到公司后，管理者发现他做的工作其他人完全可以代替，因此管理者就产生了一个疑问：难道这个专家是伪专家？其实不然，只是这位专家没有融入企业里，而且没有继续从事自己擅长的工作。这种招聘显得非常盲目，甚至可以用"浪费人才"来形容。因此，一个企业招纳人才，应该对人才进行需求分析。简言之，企业需要什么样的人才，然后进行有针对性的招纳。比方说，公司需要厨师就招一位厨师，公司需要电工就招一位电工。

如今，互联网招聘平台给企业和人才提供了单选与多选的机会，这种选择更倾向于匹配度高、针对性强的选择。员工根据自己的特长、专业选择合适的企业，企业则根据岗位需求、相关人才缺口招募人才。如北方有一家通信器材公司，该公司需要招聘不同专业类型的工程师，在详细分类后发布到招聘网站上。但是，随着时代的发展，企业分工越来越细，让企业择人越来越难。有位企业家说过："企业对哪一种类型的人才有更高的需求呢？我认为，综合能力出众、专业能力强、有责任感、具有团队精神的人才是最抢手的！"但是这样的人才可谓马中赤兔、人中龙凤，少得可怜。因此，管理者在坚持科学选人、高标准选人的同时，还要思考一个问题：企业到底有哪方面的具体需求？到底想要找一个怎样的人？想要得到答案，管理者或者企业人力资源部门更要做好人才招纳需求分析工作。通常来说，人才招纳分析有以下三个步骤。

一、搜集、汇总岗位需求信息

有一家企业是这么做的：派 HR 专员定期去各个部门、岗位进行考察、收集，如某某岗位缺什么样的人，某某岗位是否需要增加相关岗位配套服务等。然后将相关信息以文字、表格的形式汇总上来，形成人才需求一览表。这个"表"就是岗位的需求信息。还有一些企业，让各部门负责人通过办公系统进行定期汇报，再由 HR 专员进行汇总。

二、整理、提炼岗位需求信息

通常来讲，每一个岗位都有"岗位说明书"，规定岗位人员的相关技能、责任、纪律、奖励要求等事项。岗位说明书、岗位制度、人员组织机构等就代表着岗位需求的特点、特征和方向。人力资源部门需要将岗位需求的特点、方向具体化、形象化，形成招聘需求信息，比如岗位环境对人才的要求、企业文化和价值观对人才的要求、企业发展方向对人才的要求等。只有挖掘、转化成具体的岗位需求信息，才能进行后面的工作。

三、选择准确的岗位需求要素

俗话说,"金无足赤,人无完人"。想要找到一个"完人",恐怕比"大海捞针"还要难。能够辩证选人,用人之长,避人之短,就是一种科学选人、用人的态度。因此,管理者想要找的人,不是完人,而是能够满足岗位需求的人。首先,企业招纳人才应该考虑人才培养成本。首选有工作经验、社会履历的人才,这类人才"即招即用",易于培养。其次,考察岗位工作环境对人的影响,比如有些岗位工作条件艰苦,对能够克服工作环境、吃苦耐劳等要素有强烈的需求。最后,考察岗位"可衡量"的需求要素。如今有些企业辅助部门招聘需求非常模糊,只要员工的综合能力达到标准,就能胜任岗位工作。因此,管理者要把"可衡量"的、能够体现具体需求的胜任素质拟定出来,然后进行有针对性的选择。

做好招纳需求分析工作,就是让企业招人更加有针对性,从而减少人才浪费,为企业节省人力资源管理成本。

▶ 工作分析与胜岗特征分析

想要找到适合的人才,需要对工作岗位进行分析。有一位企业管理者说:"之前,企业对各个岗位人员并没有什么特别的要求,甚至完全采取了因人设岗的方式。但是后来我们发现,这样的做法容易导致人岗分离。因岗设人还是因人设岗,都需要进行'岗位—员工'的分析,就像一对情侣在结婚前需要相互了解。"工作分析是人力资源管理的基础工作,工作分析是否到位,直接影响人力资源工作的开展。工作分析还包含三部分内容:岗位需求分析、组织结构分析和岗位员工特点分析。如何才能进行工作分析呢?许多企业采取"6W1H"法进行分析。

Who?谁从事该岗位工作?对于这个问题,我们自然会想到某些员工在该岗位工作,还会联想到这名员工的学历、工龄、擅长的技能、性格特点、组织力和凝聚力等因素。

What？岗位工作中哪些岗位是体力劳动？哪些是脑力劳动？举个例子：生产岗位通常需要体力劳动，技术岗位通常需要脑力劳动。明确哪一个岗位需要哪一种劳动类别的员工，才能确定工作需求。

Whom？为谁去做？互联网时代，一切工作都是围绕"客户"开展的。招聘人才也是为了满足客户需求，为客户创造服务和体验上增值。另外，员工也是一种"客户"，是企业服务的对象。

When？什么时间完成？这里会让人联想到企业发展目标，有总目标、长期目标、中期目标、短期目标，也就是目标什么时间完成？设置岗位，是为了完成目标。找到目标、目标完成时间、岗位与员工四者之间的关系才能做好其他工作。

Why？为什么要做这个工作？也就是找到岗位工作的实际意义。许多人只知道，工作的目的是赚取生活费。认知高度再提高一点，工作的目的不过是为了企业。分析岗位工作的意义，就能够明确人力资源管理的意义。

Where？工作岗位地点在哪？环境如何？如今，许多管理者只是对员工提出高要求：要认真工作、克服困难、团结群众等，唯独没有进行自我剖析，找到"招人难、留人难"的原因。许多企业招不到人才，就是因为企业工作环境不好、地处偏僻、交通不便。只有解决工作环境的问题，才能解除这种困惑。

How？如何把岗位工作做好？也就是重视保证岗位工作顺利开展的几个元素：工作流程、岗位制度、组织纪律、岗位激励手段等。把这些岗位"工具"摆出来，我们才能做好工作岗位分析工作。

除了做好工作分析之外，管理者还要组织相关人员做好另外一项人力资源管理的基础工作——胜岗特征分析。

胜岗特征分析，就是能够胜任岗位所需要的各项素质。分析岗位胜任特征，能为招聘提供可靠依据。通常来讲，岗位胜任特征表现在三个方面。

（1）认知能力。认知能力是一种综合能力，它包括技术能力、发现问题、解决问题的能力、决策能力、执行能力、组织管理能力、挑战能力、自我管理能力，统筹工作的能力等。每一个岗位，对员工不同的认知能力有不同的要求，因此需要管理者分析出每一个岗位对员工认知能力的侧重点和需求点。

（2）工作风格。每一种工作风格都会带来不同的结果。举个例子：决策岗位需要果断、干练的工作风格；生产岗位需要沉稳、细致的工作风格；营销岗位需要灵活、开放的工作风格。找到每一个岗位所需要的工作风格，就能够按照工作风格找到匹配的人才。

（3）交际能力。企业是一个"社团组织"，每一个部门、岗位都需要员工与周围的人进行交流、协作，才能把工作做好。因此，交际能力同样是岗位胜任特征之一。有人说，交际能力是一种生存能力。如果一个人不懂交际，只是一块"顽石"，恐怕就会给岗位、部门管理工作带来负面影响。

工作分析与胜岗特征分析虽然只是基础性的分析工作，但是其工作充分与否，直接影响到招聘制度和招聘流程的制定。因此，企业人力资源部门要做好以上两个工作，为企业招聘打开局面。

制定招聘制度和流程

招聘制度和招聘流程是实现科学招聘的左右手。招聘制度能够有效确保企业招聘到实际所需要的人才，对健全企业人才体系有极大的帮助；制定招聘流程的作用则是规范招聘流程操作，让招聘能够在制度之下科学、有序地开展，让招聘人员完成招聘任务。

招聘制度是如何制定的呢？招聘制度同样也是一种制度，可以参照"制度的制定方法"进行制定。

第一步：制定招聘目标。

每个企业都有岗位需求，只有招入的员工满足岗位需求，才能让工作正常运行。对于企业而言，招聘目标就是确保企业正常运行，提升企业竞争力。制定招聘目标，才能够开展工作。

第二步：确定招聘组织。

对于普通岗位的人才招聘，通常由企业人力资源部门负责；对于高级管理岗位的人才招聘，通常由企业董事长、总经理等高级管理者负责。

第三步：制订招聘计划。

前面讲到的工作分析、胜岗特征分析、人才招纳需求分析等工作，都是为制订招聘计划而提前准备的工作。制订招聘计划需要根据企业可持续发展的原则，坚持"以人为本"的管理策略，制订人力资源引人计划和相关费用支出计划，明确招聘责任人，严审各部门申请招聘的人员数量、岗位、职级，并填写申请表，进行层层审批，签字后生效。

第四步：制定内部、外部招聘实施细则。

对于内部招聘，管理者需要明确内聘的岗位、职级，发布内聘公告，内聘过程要严格按照岗位、职务说明书进行筛选，然后填报内聘名单、上报管理层进行审批。对于外部招聘，首先应明确参与外部招聘的部门、人员，明确招聘职责；其次应明确招聘渠道，规定招聘渠道的招聘方式、方法；最后应明确外部招聘费用支出的具体管理方法、责任划分及相关控制措施。

第五步：制定招聘人才甄选方案。

明确甄选过程，比如对招聘者进行相关资历筛选，对于符合岗位需求的招聘者，需填写相关表格，并通知其参加面试、笔试、复试；明确参加甄选过程人员的责任范围、甄选方法和审批签字等相关内容。

第六步：明确"人才录用"相关事项。

通过甄选的应聘者，也就是企业敲定的新员工。新员工到岗之前，应填写相关的员工登记表进行备案，然后签订劳动合同。对于新员工试用期间的相关事项，企业则酌情进行明确和规定。

管理者可以根据以上六步进行招聘制度的制定，还可以参照业内制度制定方案或者交由专业人力资源管理机构代为拟定。

招聘流程是如何制定的呢？招聘流程是根据企业用人环境和招聘管理制度而

设计的程序，招聘流程通常由三个分解流程组成。

（1）申报流程。通常来讲，用人部门先要进行申报，申报审批通过之后，再由人力资源管理部门进行岗位招聘相关事项的拟定。

（2）实施流程。以互联网平台为例，先发布招聘通知，然后筛选应聘者的简历，通知符合条件的应聘者面试、笔试、录用等。其中，面试、笔试、录用、入职考核等环节也要单独形成流程，规范招聘、录用等过程的操作。

（3）反馈流程。人力资源管理部门还要对招聘上岗的员工进行长时间的观察和考核，建立档案和评估手册。通过评估数据反馈招聘流程是否科学。

用制度和流程规范人才招聘，可以让HR专员树立科学招聘的意识，防止"关系招聘""腐败招聘"，真正让人才招聘体现价值，为企业建设和运转提供长效支持。

人员招聘形式和招聘渠道选择

人员招聘是整个人力资源管理的起点。俗话说，"千里之行始于足下"。做好人员招聘工作，就如同给企业人力资源管理创造"开门红"的局面。互联网时代，企业之间的竞争就是人才的竞争，能够在没有硝烟的战场上战胜对手，就需要做好人员招聘工作。比如，有一家北方公司采取社会招聘与校园招聘两种形式。校园招聘主要针对普通的工作岗位，这些岗位需要年轻和可塑性强的人员；社会招聘主要针对管理岗位，这些岗位需要有实际管理经验的专业人员。社会招聘与校园招聘都属于"外部招聘"的类型。

首先，管理者和HR相关人员需要了解人员招聘形式。通常来讲，人员招聘形式有内部招聘、外部招聘两种形式。

1. 内部招聘

内部招聘是从内部选拔人员填补岗位空缺的一种方法。也有人把"内部招聘"定性为企业内员工调动，属于人力资源合理分配的一种形式。内部招聘有一大特点，即充分发掘、利用内部人才。另外，内部招聘还有一大优势，即招聘风险低。内部招聘招募的都是"熟人"，管理者对这些"熟人"知根知底，用人方面也就更加大胆、放心。内部招聘有岗位提拔、岗位轮换、岗位调换和退休返聘四种形式。内部招聘对于内部人才开发十分有利，尤其在鼓励人才、激励人才等方面有促进作用。

2. 外部招聘

外部招聘是企业在社会上招募人才填补岗位空缺、满足企业发展需求的一种方法。外部招聘是一个企业"输血"的最佳方式，通过引入社会人才提高岗位工作运行效率。另外，外部招聘还可以激活企业内部竞争环境，给员工营造一种"压力与动力"共存的工作环境。外部招聘有以下三大优势：一是给企业带来新思想、新意识、新气象；二是形成"鲶鱼效应"，激发内部员工的工作积极性；三是能够招募到企业所需的"复合型"人才。

其次，管理者还要选择招聘渠道。顾名思义，招聘渠道是企业与人才之间的桥梁。

1. 内部招聘渠道

内部招聘渠道是企业内部的一种招募平台，内部招聘渠道有三种形式，即职位布告、内部推荐和职位档案选择。职位布告，就是在企业内部公告内聘信息，让员工进行"毛遂自荐"。内部推荐分为两种，一种是员工推荐，另一种是高层力荐。值得一提的是，内部推荐虽然有较强的针对性，但是也存在"拉帮结派""买官卖官"的问题，因此内部推荐需要严格按照招聘管理制度和内部选拔流程进行公开推荐。职位档案选择，就是根据员工档案与岗位技术的匹配度进行人事调动或者任命。

2. 外部招聘渠道

外部招聘渠道是企业选择外部招聘平台进行招聘的渠道或者媒介。外部招聘渠道主要有以下几种。

（1）现场招聘。这种方式通常借助第三方场地进行，如招聘会或者人才市场，是一种传统的招聘方式。现场招聘能够让企业与应聘者有直接面对面的机会，但是这种方式有区域局限性，比如在某市人才市场设摊，所招募的人员也几乎是所在城市的应聘者。

（2）校园招聘。许多企业都有走进校园的招聘活动，还有一些企业直接与大学、技校等建立合作关系，每年定期走进校园进行招聘。因为应届毕业生富有朝气，可塑性强，越来越被一些企业看好。

（3）网络招聘。通过互联网招聘平台发布招聘信息，浏览应聘者简历，然后对符合条件者进行面试通知信息的发送工作。当下，企业可选择的互联网招聘平台非常多，例如，58同城、赶集网、前程无忧、中华英才网、智联招聘、拉勾网等。

（4）传媒广告。较为传统的传媒广告有报纸、电视等；互联网时代，较为流行的传媒广告有流媒体、各种数字媒体等。

（5）猎头公司。有些企业为了招募"尖端人才"，往往委托专业猎头公司为其招聘。

（6）特色租赁。时下，许多服务公司为企业提供临时雇员租赁服务，比如保安公司向企业提供保卫人员。租赁期间，企业向"服务公司"支付相关人员的各项费用。严格意义上讲，特色租赁是一种"外包服务"，这种服务既能满足企业用人需求，还能为企业减轻人事管理压力。

选择符合企业特色的招聘方式和招聘渠道，对搭建人才交流平台、完善人才管理体系有不可替代的作用。世界上没有最好的招聘方式和招聘渠道，但是有最适合企业自己的招聘方式和招聘渠道。

≫ 应聘人员甄选"四部曲"

有人说，选人比用人重要。如果选到能够胜任岗位工作、能够与企业同舟共济的人，就能大大减轻企业人力管理工作的负担。如果选错人，不仅要承担相应风险,还要时刻准备后备人员去替换他。因此,坚持科学选人观是多么重要啊!

有人会问:"如何才能甄选到高质量的人才呢?"有人发现,许多企业招聘员工都会设定"有效招聘时间",应聘者只有在有效的时间内应聘才算有效,否则"过期不候"。这种"招聘"方式,我们只能用"不负责任"四个字来形容。真正意义的招聘,应该是不设定时间和空间的!企业对人才的需求是持续性的,而非"吃饭填饱肚子"那么简单。想要做好"人才甄选"工作,管理者及HR专员还要坚持人才甄选的"四部曲"。

一、初筛

所谓初筛,是甄选人才的第一步。这个工作,如同老农筛豆子,是对豆子优劣进行简单筛分。HR专员将应聘者的简历与岗位需求进行初步比对,符合条件者才让其填写企业应聘表格。

有些企业甄选人采用两张表格,第一张是胜任素质模型表格,第二张是应聘者的相关素质项目表格。两张表格进行比对,其结果一目了然。还有一些企业采用电脑软件进行匹配度计算,符合条件者再进行相关信息的录入及面试表格的发放。初筛很重要,企业甄选人才既可以选择"表格"筛选,也可以选择利用计算机软件进行匹配筛分。互联网时代下,还有一些大型企业拥有自己的"大数据中心",借助大数据技术可以快速完成"精准筛选"工作。

二、面试

面试是一种最简单、最直接的人才鉴别方式。企业借助面对面交流机会,通过察言观色等方式深入了解应聘者的能力、心理素质、价值观、个人愿景。前面章节中,我们介绍的几种古人识人的方法都可以运用到面试中。面试的方式方法有如下几种。

(1)问题式。借助提前准备好的问题,对应聘者进行相关问题的询问,通过应聘者的答案对其逻辑思维能力和解决问题的能力做出判断。

（2）情景式。也是一种角色扮演的面试方法。面试官给应聘者一个考题，让应聘者进行情景模拟，从而考察其分析问题的能力和判断问题的能力。

（3）压力式。在面试过程中，面试官不断给应聘者施加压力，刨根问底，观察应聘者在压力环境下的应变能力。

面试方式还有很多，作用和意义很大。能够通过严格面试的应聘者，想必在综合素质方面已经初步符合企业的需求。但是通过面试的应聘者，还要进行笔试测试。

三、笔试

相比较面试的主观，笔试更加客观一些。笔试对应聘者的专业素质、文字表述能力、综合素养等方面有更加充分的测试。笔试类型通常有两种，即技术性笔试和非技术性笔试。比如，有些企业针对技术型岗位会采取技术性笔试，针对普通后勤岗位会采取非技术性笔试。

（1）技术性笔试。主要针对企业的技术岗位进行设定的考试，笔试内容也以技术性考试题目为主。如软件公司针对应聘者进行的计算机语言编程类的测试。技术方面符合企业要求者，才具备胜任岗位的能力。

（2）非技术性笔试。这类笔试通常是针对其他管理岗位进行设定的考试。笔试内容比较宽泛，如有阅读理解笔试、情景演绎笔试、命题作文等。这类笔试通常可以判断出一个人的文字总结能力、组织管理能力、思考分析能力以及相关的表达方式、习惯等。

笔试与面试不能单独形成一套甄选人才的体系，而应分为"上下半场"配合使用。这也要求面试官与笔试官做好协调沟通工作，最后再将结果汇总给决策者，由决策者最终拍板。

四、确定人员

除了上述工作外，人力资源部门还要对应聘者的相关信息进行进一步核实，检查其背景资料是否造假。当下社会，李鬼冒充李逵混入职场的案例不胜枚举，严格把关人才背景是非常重要的一项工作。还有一些企业，凡是通过面试、笔试的应聘者，还要进行管理者发起的终极测试，通过测试的才可以填写入职表，正式成为企业的一员。

企业人力资源部门应严格按照初筛、面试、笔试流程进行招聘，确定甄选人才的"科学流程"，才能为企业选好人、找对人。

▶ HR（人力资源）核心工作：留住人才

某生物制药企业，耗费巨大的人力、物力，筹建了一个科研实验室，其目的在于"栽下梧桐树、引来金凤凰"。后来，该企业招募了几名有实力的生物学博士，而且在研发方面取得了不错的成绩。但是令人意外的是，这几个做出成绩的生物学博士一个接一个地选择了辞职，跳槽去了其他公司。企业老板非常疑惑："难道他们嫌弃我的公司和科研实验室吗？"

像这位老板一样困惑的管理者还有很多，他们不明白：那些人为什么要辞职。

我们需要梳理一下员工离职的原因。有一个媒体曾经对 500 名离职者进行调查、走访，发现他们离职的原因不外乎以下几种。

（1）待遇。一个人工作的原始动力就是为了"待遇"。待遇分为两个方面，一个是薪资待遇，另一个是职位待遇。许多人跳槽的目的就是待遇上有所提高。举个例子：一个"码农"，在 A 公司工作月薪一万元，但是在 B 公司做同样的工作可以拿到两万元，这个"码农"的选择肯定是后者。还有一些企业承诺更好的管理岗位、更舒适的工作环境给某个企业的员工，也就是"挖角"。如果被"挖角"的员工动了心，自然也会选择辞职。

（2）工作与生活的关系。有些企业虽然给予很高的薪水待遇和个人福利，但是工作压力大、工作时间占据整个生活的一半以上，致使许多人无奈选择牺牲家庭和婚姻生活来应付自己的工作。但是当一个能够平衡工作与生活关系、可以改变工作生活现状的职位出现时，这一部分人就会动心，选择跳槽，比如许多女性工作者，因为要兼顾家庭生活和子女抚养，对工作与生活之间的平衡关系有较高的要求。

（3）平台。有些企业虽然能够提供稳定的薪水、不错的福利，但是在"平台"搭建方面做得并不好。许多人有着崇高的理想，希望通过自己的努力能达到某种高度。如果他们看到所在的企业平台有限，发展空间很小，即使努力奋斗也无济于事，与其这样，还不如重新规划一下，换一个新的环境。

（4）环境。还有一些企业经营不利完全是工作环境所致。许多人发现，偏远地区的企业或者工作环境恶劣的企业，往往难以留住人才。俗话说，人往高处走，水往低处流。企业环境往往决定人才的走向。如果企业工作环境不好，岗位工作存在危险，即使允诺高工资、高福利也难以留住人才。

既然存在这么多问题，企业管理者应该如何一一应对呢？想要解决这个问题，企业管理者恐怕需要提高员工的待遇，平衡员工的生活与工作的关系，给员工提供良好的工作平台和工作环境。通常来讲，想要留住人才，要提前做好三项防御工作。

一、了解员工需求，常常与员工沟通

我听过一个离职员工的心声："老板根本不在乎我们的想法，什么民主啊，公平啊，根本都是不存在的。在这样的企业工作，只能忍气吞声。"缺少沟通渠道，员工与老板在思想上、利益上不能达成共识，就会导致员工跳槽。因此，管理者或者HR管理人员要了解员工需求，倾听员工的心声。问一问员工：你们需要什么？需要企业为你们做些什么？员工看到企业的态度和真诚的做法，一般会选择留下，期待有一个好结果。

二、为员工职业生涯做好规划

员工不明不白地工作，企业也没有为他们设计蓝图，最后的结果只有两个：

要么员工变得平凡而消沉；要么员工选择离开，找一个"活得明白"的地方工作。为员工设计职业生涯规划，本就是企业人力资源管理的必要一环。功课做不好，还要赖"学生"不努力，就完全讲不通了！

三、优化管理环境，提供发展平台

对于地处偏远地区的企业，首要工作就是解决上下班的问题，如购买、租赁班车等；对于职业风险较高的岗位，企业要健全安全制度，提供安全保障，将职业风险降至最低；对于缺乏平台的企业，管理者要打造多平台：培训平台、晋升平台、沟通平台等，借助平台为员工提供施展本领的空间，帮助他们成长。

除了以上三项，企业还要在工资福利待遇等方面满足员工需求，借助绩效考核手段，做到"多贡献、多收获""政治上光荣、经济上实惠"。只有这样，才能留住人才，让他们安心在自己的工作岗位上奋斗。

第五章
设立培训体系,深挖潜能

▶ 培训:人力资源管理的得力武器

在企业,流行度最高的两个词是"开会"和"培训"。如果说开会的作用是布置和总结,那么培训的作用就是提高员工的能力。对于企业人力资源部门而言,培训也是其最得力的武器。著名企业家牛根生认为:"培训是最大的福利。企业最重要的事就是培训,如果不能把你的员工培训到你想要达到的标准,你就难以达成目标。"

古时候,有一个疯狂的将军。这个将军最大的特点就是喜欢疯狂地操练自己的战士,让战士练出一身铁骨。许多战士叫苦不迭,甚至渐生怨恨。战士们私底下讨论,其中有一个战士发表看法:"骨头再硬,难道能比刀剑硬?想要打胜仗,还要靠战术。"

"对,没有战术,钢筋铁骨也没有用!"另外一些战士也纷纷加入讨论的队伍里。

这些话被将军听到了,他不但没有惩罚战士,反倒自信满满地说:"你们认为操练的目的就是为了练就一身钢筋铁骨吗?等你们上了战场,你们就明白操练的意义了。"

后来，两国开战，交战非常激烈。这个疯狂的将军带领的部队作战勇猛、作风顽强，敌军见了闻风丧胆。甚至有些敌人听到"钢筋铁骨、刀枪不入"的时候，就弃械投降。这支部队连战连胜，为自己的国家开疆拓土，立下赫赫战功。军中许多战士被提拔为将领，得到了巨额赏金和封地。此时，战士们才明白将军的良苦用心，操练练就的不仅只有钢筋铁骨，还有顽强的意志、旺盛的斗志和卓越的团队精神。

古人用操练的方法提高军队的战斗力，企业管理者完全可以用培训提升企业的竞争力。培训作为一种管理武器，有以下四大价值。

一、提高凝聚力

许多企业有人才、有设备，甚至相关配套技术也很先进，却始终达不到既定目标，主要原因在于凝聚力不足。如今企业有关于个人意识、集体意识、团队精神、价值观等思想建设方面的培训，通过这种培训向员工输出正确的价值观和树立团队意识，就能够提高员工对企业的认同感，消除人与人之间的隔阂，建立起一种团队合作关系，继而提高凝聚力和战斗力。

二、提高人岗结合水平

经常听到管理者的一句左右为难的话："无法胜任岗位工作，留着他占用企业资源，不留着他又显得企业过于无情。"言外之意，是员工技能不达标，根本达不到岗位要求。事实上，这种现象非常常见。尤其是职场新人，业务能力不达标、没有工作经验、无法胜任岗位工作都是很正常的。如果借助培训提高他们的技能，就会大大提高员工胜任岗位的能力。

三、提高员工士气

有人说，培训是一种激励手段。举个例子：某企业组织分企业劳模、标兵、先进工作者三批进行培训学习。言外之意,只有优秀员工才具备参加培训的资格。培训也就成了晋升、提拔、重用之前的一种"岗前培训"。因此它就成为一种刺激员工上进的方式。为了争取培训机会,员工会想尽办法把岗位工作做好、做扎实。另外,还有一种"激励培训"课程,通过培训,激发出员工的内在动力。

四、建立学习型企业

互联网时代,人人都在学习。在这种大趋势下,通过培训平台建立学习型企业就非常有意义。学习型企业不是以学习为目的,而是以提高企业核心竞争力为目的。如今,世界上最好的企业几乎都是学习型企业,培训是打造学习型企业的重要武器。

培训是一种人力资源管理的武器,还是员工自我提高、自我实现的武器。培训是企业学习的一个平台,还是一项回报率极高的投资。有句俗话,"投资设备不如投资人才"。通用电气前CEO杰克·韦尔奇说过一句话:"你可以拒绝学习,但你的竞争对手不会。"企业之间的竞争就是人才的竞争,打败对手的唯一方式,就是拥有比对手更为强大的人才储备。例如,华为集团拥有18万名员工,18万名员工却可以为华为带来几百亿美元的营业额。因此,拥有人才,就会让企业拥有巨大的竞争力。

互联网时代,人才与企业的关系变得更加微妙。有人说,企业更像是人才"孵化器",为人才提供成长的温床。"孵化"人才的最直接的方式,就是对员工进行专业而系统的培训。培训可以让员工快速提升能力,从而提高工作效率和执行力。经营之神松下幸之助则直接表达了自己的观点:"培训很贵,但是不培训更贵。"企业想要做好培训工作,不仅要搭建培训平台,还要紧跟时代步伐,结合互联网时代的培训大趋势,才能把培训工作做到位。通常来讲,互联网时代的培训有以下六大发展趋势。

趋势一,更加重视技能培训。

俗话说,拥有了金刚钻,才能揽瓷器活。如果一个人技能不过关,就无法胜任岗位工作。当下许多企业选择以"法"为先的培训方式,而忽略了以"术"为先的培训。举个例子：战士上战场，学习击杀技能比学习做人的道理更有意义。以"术"为先、以"法"为辅的培训，才是未来培训的发展方向。

趋势二，更加重视精细化培训。

过去的企业培训总给人一种非常笼统的感觉，培训的概念是"大概念"，培训的点是"球状"的。许多人接受完培训，依旧无法掌握技能。如今，企业培训也将培训科目进行细致划分，变笼统为细致，变"球"为"点"，甚至是"化整为零"。培训精细化与企业内部精细化是一脉相承的！

趋势三，更加重视思维培训。

有一个字，叫"悟"。"悟"是什么意思呢？悟，就是领悟、理解、觉醒的意思。我们形容那些"头脑呆板"的人，为"木"。"木"与"悟"形成极大的反差。企业需要"悟"，不需要"木"。许多企业管理者发现了这个问题，因此把思维培训摆在更加重要的位置上。如果能够通过培训唤醒员工的工作意识和经营思维，就能把普通员工变成头脑灵活、主动性强的人。

趋势四，更加重视知识更新培训。

互联网把人们带进了一个万花筒般的世界。在这个世界里，新科技不断涌出，新陈代谢非常之快。换句话说，如果你的知识得不到更新，第二天起床就会发现：自己的做法已经过时。因此，企业想要适应互联网时代，就要不断使员工更新知识，让他们跟上时代潮流。

趋势五，更加重视系统培训。

培训不是"邯郸学步"，看谁走得快，就跟着谁学。培训是一种系统的、连续性的教育方式，可以让一个人拥有技能、加强技能、分解技能，将技能转化为企业价值。例如，某企业对销售人员进行培训，先是培训销售技能，然后培训销售术、客户需求、客户维护、售后服务等。很显然，这样的培训科目是环环相扣的，有很强的针对性、连续性和系统性，这样的培训才更有价值。

趋势六，更加重视多元化培训。

互联网时代的一个重要课题，就是"跨界"。许多企业也在尝试"跨界"，比如岗位"跨界",让一名员工身兼多职,可以适应多个岗位的工作。如今,世界上最稀缺的就是复合型人才。如果一名员工具备多种本领,甚至可以像"万金油"一样走到哪里、哪里就会发光,就可以大大提高人才的利用价值。

正如一位企业家所言:"培训,就是养兵一时,用兵千日!"顺应时代潮流的培训,则更有意义和价值。因此,企业管理者要革新观念,以改革、开放的姿态拥抱培训。

培训"三要素"需求分析

许多企业管理者总是感叹:"做了这么多次培训,管理方面似乎未见起色,原因出在哪里呢?"现实中,大多数企业重视培训,甚至把培训当成一种企业战略去对待。但是,没有针对性的培训或者采取跟风式的培训不但起不到培训作用,而且浪费了时间和金钱。

培训需求分析如同营销人员做客户需求分析那样,需要在工作开始之前做好前期准备工作,如对组织、岗位、员工等相关需求进行调查,并准备相关的培训工具、培训教具等。坚持"缺钙补钙"培训原则,就是哪里需要加强,就对哪个方面进行培训。例如,有一家公司开展绩效管理工作,面对绩效不佳的现状,企业管理者进行"绩效问题"调查并找到了三个"薄弱项"。因此,该企业针对"薄弱项"进行补强,而补强的方式就是进行有针对性的项目培训。企业人力资源部门想要开展培训工作,就要提前做好需求分析调查。采取"三要素"需求分析法,就能够把握培训方向,选择精准的培训课程。

一、组织分析

通常来讲,一个企业组织在发展过程中都会客观反映出一些问题,如管理的问题、执行的问题、人岗结合的问题等,想要解决这类问题,就要寻根究源,确定问题出在哪个部门、哪些岗位、哪些人员身上。对于这一点,我们可以用"查找病因"来形容。企业组织分析可细化为三个方面，即目标分析、资源分析、环境分析。

1. 目标分析

一个企业的目标决定培训的目标。如果一个企业没有目标，抑或目标是模糊的，就无法确定培训课程。坚持以组织目标为导向的培训，才是有效培训。

2. 资源分析

组织培训工作，需要借助一定的企业资源才能完成。假如一个企业缺乏人力、物力、财力，就难以组织起有效的培训工作。

3. 环境分析

一个企业的人文环境、管理环境也是影响培训工作的重要因素。如果一个企业人文环境良好，相关配套设施完善，有较为完善的制度作保障，就能够组织起培训工作。

通过以上三个方面的分析，企业组织能够粗略找到企业的"薄弱项"和"问题项"，然后再进行梳理，形成解决问题的方案或者培训课程的计划方案。

二、员工分析

员工作为企业目标的执行人和实施者，常常能够通过绩效成绩和岗位表现客观反映出其身上存在的问题：是经验的不足还是技术水平不高？是战斗力不足还是团队合作意识较差？结合岗位性质对员工进行分析，才能找到科学培训的"点"和"面"。通常来讲，员工分析工作还要结合以下几个方面进行分析。

1. 绩效考核记录

绩效考核能够从各种数字上体现出员工的工作质量，看出哪里需要加强、哪里需要提高。

2. 知识技能测定

许多企业会定期组织技能"比武"，然后按照成绩排名，成绩较差者参加"技能补习班"；成绩良好者，参加"技能加强班"。

3. 工作态度测评

借助工作态度测评表，对每一名员工进行工作态度打分。工作态度测评表里有许多测评项目，如主动性、沟通力、合作力、责任感、进取精神等。哪个环节得分低，就需要对哪个方面进行强化。

通过以上三个方面的分析，企业组织能够找到员工存在的"薄弱项"和"问题项"，然后再进行梳理，为员工制定出相关的培训课程。

三、任务分析

任务分析工作，就是借助一定的方式方法对企业、部门、岗位中存在的各种任务进行搜集，然后找出"执行任务"过程中存在的问题或缺陷。培训的另外一个重要目的，就是提高任务的执行效率。有些企业借助"任务分析流程"进行分析，这就需要企业人力资源部门或者其他相关部门建立"任务分析流程"。

借助培训需求分析，管理者或企业人力资源管理部门能更加了解员工的工作动态、心理变化以及企业环境所存在的问题。培训需求分析不仅能够给培训提供科学依据，还能给企业管理指明方向，完全是一举两得的工作。

▶ 制订科学的培训计划

古人言："凡事预则立，不预则废。"某位著名作家讲述自己写作成功的奥秘时，提到了"大纲"二字。"预"是什么意思呢？就是提前做好准备。为什么要写"大纲"呢？就是为了写好文章而提前准备好写作思路。除了做准备之外，还要有一个计划。俗话说，想得好是聪明，计划好更聪明。个人计划是一个人通往成功的桥梁；企业计划是一个企业取得成功的通道。不管做任何事，都要提前做计划。企业进行培训，同样也是这个道理。因此，企业人力资源管理部门应针对培训工作，提前制订一个翔实的培训计划。

一、确定责任部门和责任人

通常来说，负责企业培训的部门是人力资源管理部门，如果没有设立人力资源管理部门，则安排企业办公室或者下设人事管理的部门进行负责。另外，还要建立责任制和培训制度，加强部门的执行力和监督力。相关责任人的选择，应该优先考虑人力资源管理经验丰富、组织能力强、有服务精神的员工或者干部。他们能够协助企业管理者及相关部门领导进行培训课程的设计、安排，确保培训工作的顺利实施。

二、确定培训目标和内容

事实上，企业会针对不同的部门、不同的岗位、不同层次的人员进行培训，培训的目标和内容皆有不同。HR 管理者可以通过培训需求，对组织、员工、环境进行详细分析，然后再确定培训的目标和内容。例如，针对营销部门的培训，可以经过相关需求分析，确定与营销相关的客户价值、售后服务、客情关系维护等相关的培训内容，并制定相应的培训方案。

三、确定培训方法

培训方法多种多样，有讲授法、演示法、视听法、角色扮演法、案例分析法，也有基于沙盘游戏开发的拓展培训、户外培训等。企业应该根据各部门员工的工作特点、岗位性质选择适宜的培训方法。通常来讲，培训方法由负责培训的培训师安排。

四、选择、确定培训老师

当下企业培训方式主要有两种，一种是企业内训，由企业内部培训师负责培训课程的讲授工作；另一种是企业聘请专业培训师进行培训课程的讲授工作。不管如何，在培训课程开启之前，需要选择、确定培训师。

五、选择、确定参加培训的人员

培训目标、培训内容及培训老师确定之后,还要根据相关培训课程确定参加培训的人员。

六、制订培训计划表

培训开始之前要制订培训计划表。如明确培训的科目、范围、时间、地点,以及参加培训的部门、课时等,将培训计划表下发并通知至相关部门。

除了按照以上六步制订培训计划外,企业人力资源部门还要将培训计划分成短期计划、长期计划、总计划。短期计划是为了快速提高员工试岗能力,比如新人入职培训;长期计划是为了提高员工的综合素质,比如团队能力、组织能力、综合管理能力等;总计划则是为了实现企业人力资源优化,帮助企业形成竞争力和发展力。只有做足培训前的计划准备工作,才能走向培训"深海",体现培训的核心价值。

▶ 培训的"三个维度"和"三个境界"

有些人把培训当成一种"意识重建"的方式。这句话怎么理解呢?其实培训的目的不只是为了"培训",还为了产生其他叠加效应。所谓叠加效应,就是一种由量变产生质变的效果,就像一个原子聚变分裂,能够产生巨大的、不同维度、不同频率的能量。比如,培训可以让一名普通技术员变成工程师,还会让一个普通企业变成竞争力极强的学习型企业。人生有三大境界:看山是山,看水是水;看山不是山,看水不是水;看山还是山,看水还是水。这种境界就是一种从肯定到否定再参透的过程。事实上,培训也有这样的"三个维度"和"三个境界"。

一、培训的"三个维度"

培训的"三个维度"如同三维空间的三个坐标,它们分别是技能维度、思想维度和超越维度。

1. 技能维度

培训最直接的作用，就是提高员工的技能。对于新员工而言，岗前培训的效果立竿见影；对于老员工而言，技能培训会让技能更加得心应手。技能，是一个员工的胜岗基础，没有技能，恐怕也就无安身立命的本领。技能，还是一个人变能力为财富的本领。我们可以把"技能"看作培训的第一维度。

2. 思想维度

古人选人才，都是德才兼备，以德为先。"德"是一个非常宽泛的词汇，它既有道德因素，也有底线思维；它能够发挥一个人的价值，还能让人重新审视自己的岗位、工作、责任和使命。很显然，培训可以做到这一点，我们可以把"思想维度"看作培训的第二维度。

3. 超越维度

风靡世界的"教练技术"中有一个"超越"的词，就是通过培训、引导、辅助、催化，让一个人的精神面貌得到改善，产生一种可以改变现状的能力。

二、培训的"三个境界"

培训有"三个维度"，还有"三个境界"。这"三个境界"虽然与王国维的三个人生境界不同，却能体现培训的价值。"三个境界"分别是固化境界、体验境界和升华境界。

1. 固化境界

培训的一个简单目的，就是固化知识和技能。说白了，就是通过补充、规范等方式，让员工的技能得到加强。对于企业而言，固化知识和技能才能让员工履行基本义务，比如实现基本工作指标。值得注意的是，固化课程不宜反复累加，要与时俱进，就像给计算机升级一样，不断升级"固块"，才能跟上时代的脚步，满足企业的需求。

2. 体验境界

如今，企业存在一种危机。这种危机，是一种思想意识上的危机。许多员工认为，进了企业、签了合同、有了编制，就有了"金饭碗"。事实上，瞬息万变的环境随时可以让一个人尝到苦头。培训的另一境界，就是让员工了解真实的世界，辩证看待工作与理想的关系，形成一种"危机意识"。古人言，居安思危、思则有备。只有思想上有了准备，才会让自己的行动更加积极、更加主动。

3. 升华境界

庄子有句名言："吾生也有涯，而知也无涯。"它告诉我们，应把有限的生命投入到无限的学习中去。培训的最终目的，就是让一个人升华到另外一个志存高远的境界。虽然这个境界难以达到，却可以无限接近。如果一个人能够抛下利禄、纷扰忘情地去做好一件事，就能取得伟大的成就。想必，这也是培训的最高境界。

培训是一个工具、一个武器、一种改造人力资源、优化人力资源的方式方法，培训还是企业的一道亮丽的风景线。确定培训的"三个维度"，参透培训的"三个境界"，如果能够开展这样的培训，企业距离成功也就不远了！

▶ 培训效果评估流程

有一个企业，老板经常聘请业内有名气的培训师来企业进行专业培训。这位老板对员工说："学习就像吃饭，要养成习惯；培训就像增加营养，要提高学习的质量和效率。"这家企业学习氛围非常浓厚，甚至形成了一种"你追我赶"的学习风气。

按理说，学习氛围浓厚是一件好事。难道爱学习还是坏现象吗？但是这个企业效益一般，并未展现出强大的竞争力和创新力。有一个客户看到企业办公室有一个文员正在学法语，便问她："您为什么选择学法语呢？"

这个文员解释："企业在培训，而且大家都在学习，我肯定也要努把力喽！要不然，面子上也过不去！"

文员的一席话透露出企业竞争力不强的秘密。这家企业，看似非常重视培训与学习，实则并未将培训工作落到实处，而是浮于表面，形成一种学习"浮夸风"。另外，这个企业没有对培训效果进行评价，培训质量无法得到保证。面对这种情况，企业管理者应该重视培训评价工作，建立培训评价体系，借助评估流程对培训进行科学评估。一般而言，培训评估流程要坚持四步走。

第一步：询问。

把"询问"放在第一步，就是借助问题，初步评估培训质量。如可询问员工这么几个问题：①你感觉培训课效果如何？②你觉得这位老师授课水平如何？③你觉得培训课对自己的帮助大吗？④你认为培训课是否切中实际？有无偏离目标？⑤上完培训课，整体感受如何？通过这些问题，HR 管理者就能够大体判断出培训的质量、效果、有无偏题等。但是这种询问法存在一定的主观性，还需要借助其他方法进行评估。

第二步：考试。

通常来讲，培训结束后都会对学员进行考试，考试成绩要登记在册，考试不合格者还要参加第二期培训，再进行补考。但是这种考试有一定的局限性，不具备作为评估参考标准的条件。因此，人力资源部门要重新研发、设计与部门、岗位工作实际相结合的考题，对学员进行"二次考试"。这种考试，能够客观反映出培训的质量、效果，以及是否具有培训价值。

第三步：考察。

如果说前两项是关于知识与技能的，这一步更多考察员工的日常行为变化。举个例子，某企业组织培训结束后，企业管理者通过考察学员发现员工的精神面貌、工作习惯、行为方式并没发生明显变化，则说明培训效果不明显；如果企业管理者发现经过培训后员工精神面貌、工作习惯、行为方式都有较积极的变化，则说明培训效果显著。但是这样考察的时间较长，还需要相关部门配合才能完成。有一家公司是这样做的，人力资源部门从每一个部门"抽调"一名观察员对部门员工进行观察，并形成文字和数据材料，然后定期向人力资源部门汇报。通过这个办法,该公司完成了培训评估考察的任务。

第四步:绩效。

一名员工的能力是否得到改变与提高,完全可以通过绩效成绩反映出来。培训完成后,年底时企业进行部门绩效和个人绩效总结:绩效成绩好,则说明培训有效果;绩效成绩一般,则说明培训效果一般;绩效成绩下滑,则说明培训效果差。其实,绩效结果是最具有说服力的。培训的终极目标是什么?不就是为了提高绩效,实现企业目标吗?对于那些正在开展绩效管理活动的企业,可以将绩效评估与培训评估放在一起,两者相互影响,形成一套"绩效—培训"系统。

通过以上四步,企业基本可以做好培训的评估工作。评估结束并非真结束,还要根据评估结果修订培训计划和培训方案。只有这样,才能把培训工作做好。

第六章
构建薪酬体系，留住人才

》 互联网思维下的薪酬管理

传统的薪酬，就是指一个人的劳动所得。一个人做多少工作，就应该得到多少工资。但是薪酬与工资有所区别，通常来讲：薪酬 = 薪水 + 酬劳。薪水，可以看作一个人的基本工资、待遇；酬劳则更能体现一个人的贡献价值和增值价值。

古时候，某地频繁遭受土匪侵扰，致使许多老百姓苦不堪言。后来地方官员知道后，便将此事呈报给皇帝。皇帝看了呈报，非常震惊！于是颁布命令：剿灭土匪，给老百姓一个交代。命令已下，但是剿灭土匪可不是一件简单的工作，不但危险，而且还需要大量的人力、物力。为了招募剿匪军，地方官员贴出告示：凡是参加剿匪的，赏银100两；凡是参加剿匪并抓获土匪的，按照抓获数量进行人头奖赏。许多人为了赚点赏金，纷纷参加剿匪。其中有一个叫张三的人，他抓了16名土匪，不仅得到了100两白银，而且还因为获得"人头奖"被奖励了10两黄金。受到衙门的鼓励，剿匪军士气高涨，连连挫败土匪，不到一年时间就完成了剿匪任务，还当地百姓一个安居乐业的环境。

在这个故事里，薪酬是一个人的原动力，也是一个人的基本需求。如果一个企业给予员工的待遇大大低于当地职场的平均水平，就会造成劳动力流失。换句话说，互联网给员工提供了良好的平台，让员工的择业面积更广，更容易根据自己的需求选择企业。另外，在互联网时代，企业管理者或人力资源管理部门要如何进行相关管理工作呢？

根据这个问题，人们总结出一个名词：薪酬管理。顾名思义，薪酬管理就是对企业薪金、福利、奖金等进行的一系列管理活动。做好薪酬管理工作，就能够满足员工需求，实现企业健康有序发展。互联网时代的薪酬管理过程中，管理者应该做好以下三项工作。

一、确定目标和战略

企业的管理目标是什么？这个问题已经是老生常谈的问题，企业目标不外乎两个：其一，实现企业目标；其二，为员工和客户服务。想要实现这个目标，就需要执行人"执行"和"操办"。如果一个企业非常"吝啬"，甚至连人力资源管理的钱都克扣，又如何激发人的干劲、实现企业的管理目标呢？确定企业薪酬战略，就是将员工利益和企业利益结合在一起。给员工支出1元钱，企业就能赚2元钱……

二、明确薪资结构

一个企业有领导和员工，有决策部门和执行部门。事实上，每一个部门、岗位员工的工作状态、责任大小、岗位执行的难易程度皆有所不同。因此，企业管理者要根据所在地的经济环境、政策因素、社平工资、生活水平、部门实际等因素，明确每一个阶层的工资待遇。薪资结构决定一个企业的薪酬分配、股票奖励、企业激励。一个企业有了明确的薪资结构，才会有企业的美好明天。通常来讲，薪资结构包含工资、奖金、浮动、补贴等。

三、确定执行标准

每个企业都有自己的执行标准，有的按照社平发薪水，有的坚持"劳有所获"的理念。员工赚钱多少完全与一个人的能力、心理、机遇相关。还有一些企业把劳动绩效当作执行标准，因为劳动绩效能够衡量一个人的执行能力和任务完成情况。互联网时代的薪酬管理标准，就是要以绩效目标为考核标准。企业员工完不成任务，又如何能为企业做贡献呢？确定了执行标准，才能够防止"不合理"薪水发放的发生。比如，某企业老板发放"薪水"，完全看个人心情。心情好多发，心情差少发。这样的"不合理"的执行方式给企业发展带来了负面效应。

事实上，互联网时代薪酬管理的结果是个"π"，充满了种种不确定性。只要企业管理者能够坚持公平、公正的分配和奖励原则，就能把薪酬管理工作做好。

▶ 薪酬管理遵循的"六大原则"

薪酬管理也是人力资源管理的重要任务。有人说，不会发工资的企业，竞争力不强。薪酬管理，并非单纯地教给大家如何发放工资，而是教给大家如何满足人才战略需要，实现企业发展。通常来讲，薪酬包括经济性薪酬和非经济性薪酬两部分。经济性薪酬，特指以货币为主的薪酬，比如工资、奖金、补贴等；非经济性薪酬，特指能够给员工心灵带来愉悦的一种精神薪酬。企业发放薪酬，只有两者兼备，才能起到薪酬管理的作用。除此以外，薪酬管理还要遵循"六大原则"。

一、合法原则

任何一个企业给员工发放薪水，都不得违反法律。举个例子：有一个企业，没有按时、按标准支付员工的加班费用，后被某员工举报。该企业不但支付了所有加班费用，而且还被相关部门处罚。因此，企业发放的薪水、加班费用、社会保险等都要符合国家相关法律规定，不符合规定的企业一定要进行整改。不合法的薪酬管理不仅损害企业形象，而且还会给社会带来恶劣影响。

二、公平原则

有些企业老板发工资完全是带有个人色彩的。与他关系好的，就多发一点；关系差的，就少发一点。还有一些企业，薪酬发放从未公开过，哪个岗位、哪个领导到底发了多少钱，谁也不知道。如果不能坚持公平、公开发放薪酬，就会带来诸多问题，比如会引起员工的心理波动。薪酬发放工作一定要做到公平、公开，始终坚持职位与业绩相一致的原则。

三、竞争原则

有些企业较同行业的对手，在薪酬方面没有任何竞争力，最后导致员工跳槽或者被"挖角"。现实中，某些企业因为自己的"吝啬"而导致人才严重流失，企业竞争力严重下降的事时有发生。有一位企业家说："一个人才能够给企业创造 100 万元的利润，为何我们不提高工资待遇，继续留住他呢？"有竞争力的薪酬，不仅能够留住人才，还能吸引更多有志之士加盟企业。另外，"绩效工资"策略能够拉开员工的收入差距，这种方式能够鼓励优秀者，激励后来居上者。

四、鼓励原则

通常来讲，一个人得到激励后可以爆发出更大的工作热情。某企业采取岗位工资＋绩效奖励＋补贴的薪酬发放形式，其中绩效奖励与补贴是"浮动"的。只要员工全力以赴，就可以拿到高工资、高奖励。鼓励原则要结合工作绩效、个人贡献值等，符合条件的人才能够拿到高收入。如今，我们常能听到企业方的一句话："想要挑战高工资吗？赶紧加盟我们公司吧！只要你努力付出，就能得到想要的一切！"挑战高工资，也是一种薪酬激励方式。

五、平衡原则

盲目给员工高工资或者低工资,都是不合理的。科学的薪酬,要符合"双赢"原则,也就是保持支出与回报的平衡。有些老板非常大方,发完薪水之后猛然发现:已经没有足够的钱做其他工作。聪明的老板,会提前设定一个薪酬占用比例,比例之内能够实现"企业—员工"双方的共赢,才能让企业效益最大化。例如,有一家企业发放的薪酬中,岗位工资与工龄工资占了60%,绩效奖金占了30%,浮动部分占了10%。这样的薪酬占用比例能够激活员工,让员工珍惜自己的岗位工作,努力提升自己的绩效。

六、战略原则

企业发放薪酬,还要符合企业的价值观、人才观,符合时代潮流。换句话说,要具有战略意义。既要满足员工的需求,又能满足企业可持续发展战略。只有这样,薪酬管理才具有时代意义。

薪酬管理是一个看似简单、实则需要管理者或人力资源部门挖空心思去做好的一项工作。薪酬管理能够直接决定员工的工作状态和企业的发展前景。做好薪酬管理,才能保障企业人力资源管理工作的健康开展。

▶ 广义薪酬:360度薪酬的含义和功能

薪酬是薪水与酬劳的结合,因此也就有了广义与狭义之说。狭义薪酬,就是指发放给员工的工资、奖金、福利等。广义薪酬,也称360度薪酬,它由经济性薪酬和非经济性薪酬两部分组成。经济性薪酬,就是狭义薪酬;非经济性薪酬,则是企业提供的岗位环境福利、晋升平台、工作氛围、展示平台、培训平台、职业安全等。

经济性薪酬,是一种最基本的薪酬,也是一种外在薪酬。员工工作获得金钱报酬，这种报酬就是经济性报酬。随着互联网时代的到来，企业对人才的认识进一步加深，在经济性薪酬方面也进行了改革。比如，大多数公司采用工资＋奖金＋浮动＋福利的方式进行薪酬发放。工资，分为岗位工资和绩效工资；奖金，有绩效奖金、安全奖金、全勤奖金等；浮动，则特指超出计划范围的奖励，比如对优秀工作者的特殊嘉奖等；福利，常常指各种补贴、公积金、年假、年终奖等。还有一些企业为了留住人才，还承诺股权和利润分红奖励。经济性薪酬，是一种看得见、摸得着的薪酬，能够满足员工的物质生活需要。

非经济性薪酬，是一种内在薪酬，这种薪酬更多体现在精神鼓励方面。举个例子：某企业为了让员工更快乐地工作，常常举办各种活动，比如拔河比赛、运动会、书法绘画比赛、演讲比赛、联欢晚会等。通过这些形式，员工在感受到快乐的同时，精神方面也能够得到满足。还有一些企业，让员工参与某些重要事务的决策。享有决策权的员工，就会表现出一种主人翁精神。还有一些企业，借助各种平台对员工进行培训、沟通、晋升等。有一个职场金领畅谈企业的吸引力时说道："宽敞的办公室，舒服的工作环境，很厉害的头衔。"换句话说，非经济性薪酬就是一种精神福利。

360度薪酬能够同时满足员工的物质需求和精神需求，物质与精神是合二为一、不可分割的。俗话说，金钱代替不了精神。倘若让员工在极其艰苦的环境下搏命换钱，想必大多数人会嗤之以鼻；倘若用极其舒适的工作环境交换酬劳，想必大多数人也会嗤之以鼻。那么360度薪酬到底有哪些重要作用呢？

一、保障员工的基本生活

一个人工作的原动力，就是满足自己的基本生活需求。因此，我们看到，一旦在企业效益下滑、工资无法正常发放的时候，许多员工会自发离职，去一家能够正常发工资的企业上班。保障基础工资的发放，就能够满足员工基本生活需求。有些企业老板因各种原因私自克扣员工的基本工资，这种做法是十分野蛮和不理智的。

二、提高员工的斗志

员工的精神面貌和工作斗志,能够反映出一个企业的经营状态。那些热火朝天的工作场景,常常发生在效益好、竞争力强的企业里。能够快速提高员工精神斗志的方法,就是对其进行嘉奖。所谓"嘉奖",就是按时发放薪酬。有一个企业员工说:"最开心的时刻就是拿到薪水或者奖金的那一刻!"那一刻,员工能够感受到物质上和精神上的满足,继而展现出一种工作热情和斗志。

三、改善企业的经营状况

企业发放薪水嘉奖员工的目的,只不过是为了提高执行力、改善企业的经营状况罢了。老板给员工发5000元的工资,希望能够从他身上得到10000元的回报。许多企业借助高奖金、高福利、高待遇留住人才,让人才展现价值,最后受益方还是企业本身。那些抠门的老板不舍得发放薪水,反而会搬起石头砸自己的脚。中国还有句话叫"舍不得孩子套不住狼",企业想要改善经营状况,需要大方一点、痛快一点。

老板与员工、企业与员工,是一个利益共同体。给员工发放薪酬,企业最终也能得到回报。而互联网时代的特点,不就是共享互利吗?

影响薪酬的十大因素

当今社会,大锅饭一勺烩的分配方法已经过时了。如今,人与人之间、企业与企业之间、地区与地区之间都存在收入差异。即使同一家公司,不同岗位、不同职级也有较大的收入差异。例如,钢铁厂生产一线因岗位特殊,生产一线员工整体收入要高于后勤岗位员工。同一个行业,企业之间也存在较大差异。有的企业经营得好,给员工的工资待遇较高;有的企业经营得差,自然薪水、待遇也较差。企业人力资源管理部门还有一项重要工作,就是找到影响薪酬的原因。只有找到影响薪酬的因素，才能够制定科学有效的薪酬管理体系，做好薪酬管理和薪酬发放等工作。

通常来讲，影响薪酬的因素有十个。其中，影响员工个人薪酬的因素有五个，影响企业整体薪酬的因素也有五个。

一、影响员工个人薪酬的五个因素

1. 工龄

工龄就是一名员工在企业工作的时间。一般而言，工龄越长，工资也就越高；工龄越短，工资也就越低。工龄虽然与贡献不能完全成比例，但是工龄越长，技能也会愈加熟练。技能的熟练程度，决定员工岗位工作的执行力和工作效率。

2. 工作条件

员工的个人薪酬往往也因工作条件的影响而产生差异。举个例子：港口企业，现场理货人员因长期在户外工作，风吹日晒，工作条件比较恶劣，自然会得到适当"补偿"。办公室人员因工作条件好，劳动代价较小，薪酬方面也会有相应体现。

3. 技能

技能熟练程度决定薪酬高低。尤其是对于"计件"员工而言，技能熟练者完成的数量、质量明显好于技能不熟练者。

4. 职务和岗位

一个企业，会设置不同的岗位和职务。管理岗比普通岗收入高，经理收入也往往比员工收入高。另外，有一些企业有"特岗"，所谓"特岗"，就是有挑战性的岗位，这种岗位通常比其他平级岗位收入高。

5. 绩效成绩

许多企业采取的薪资是工龄工资＋绩效奖金＋岗位补贴，绩效奖金是根据个人的绩效成绩进行制定的。绩效成绩能够体现一个员工的执行能力和劳动价值，收入差异往往体现在"绩效奖金"上。

二、影响企业整体薪酬的五个因素

1. 地区薪资水平

许多企业的薪酬标准参照当地社平工资标准。比如，北京市的社平工资标准高于济南市的社平工资标准，大多数北京市企业制定的薪酬标准也整体高于济南市同行业企业制定的薪酬标准。

2. 企业支付能力

有些企业效益较好，资金充沛，整体薪水支付能力较强，员工收入相对较高；有些企业效益较差，资金紧张，整体薪水支付能力较弱，员工收入相对较低。

3. 企业薪酬政策

薪酬政策决定企业薪酬的分配方式。有些企业坚持"以人为本"的管理理念，政策方面更倾向于"人"，薪酬、福利等方面会开放一点；有些企业注重"企业资本"积累，尤其是刚刚起步创业的公司，政策方面更倾向于"组织"，薪酬、福利等方面会相对保守一点。

4. 人才市场供求

俗话说，物以稀为贵。越稀缺的人才，企业为其支付的薪酬也会越高。不同行业的企业，人才市场供应量有所不同，这也是影响企业整体薪酬的重要因素之一。

5. 人才价值观

重视人才的企业，自然会以高薪留人；不重视人才的企业，自然不会支付较高的薪酬。当下社会大多数企业重视人才，它们大多采用"薪水 + 福利 + 待遇"的方式留住人才。

除了以上十大因素，薪酬还与社会经济大环境、生活消费水平、企业愿景和企业文化有关。企业人力资源管理部门只有分析出影响因素，坚持"科学定薪"

原则，才能激发员工的工作热情，让企业走得更远。

▶ 职位薪酬体系的定义及优缺点

如今，许多企业面临各式各样的人力资源管理问题。有的企业人岗分离，不能体现员工的劳动价值；有的企业则无法引进适应企业发展的人才；有的企业缺乏绩效管理措施，致使人浮于事、组织涣散；还有一些企业，完全是因为薪酬制度的不合理而引发出种种问题。

某企业，老板选人、用人完全借助自己的"眼力"。所谓"眼力"，就是按照自己的品位选人、用人。发放工资也完全按照这种"眼力"标准进行发放。老板认为出色、优秀的员工，就会多发一点；入不了老板"法眼"的员工，自然也就得不到应有的薪水。另外，这家企业还特别"重视"老员工，完全按照论资排辈那一套。谁工龄长，谁的薪水高，这也让许多年轻人不服。有年轻员工发牢骚："同工不同酬，真是让人感到悲哀！"因此，这家企业人才流失严重。企业里，所剩的都是一些"资历很深"的老人，给人一种"养老院"企业的感觉。因此，管理者想要取得管理成效，首先要在薪酬体系上做调整。

职位薪酬体系是当下许多传统企业常用的一种薪酬体系。按照职位划分薪酬，能够实现同工同酬。职位薪酬不同于"大锅饭"，它是建立在职位的基础之上，体现出薪酬的差异性。那么职位薪酬有什么优缺点呢？

一、职位薪酬的优点

1. 能够实现"同工同酬"

所谓"同工同酬"，就是指一个公司对于技术水平相当、劳动输出量相等的男女老少都要提供相同的薪水。许多企业做不到这一点，认为男性比女性有优势，年老比年少有优势。同工不同酬，往往让员工心寒。"同工同酬"是一种公平的薪酬管理办法，能够体现"同等付出换来同等回报"的原则。职位薪酬，恰恰可以实现"同工同酬"。

2. 管理成本低

职位薪酬是一种相对简单的薪酬制定方法，按照职位和相关系数，就能够快速计算出各个职位的岗位工资、系数奖金、股红等。职位薪酬设置简单，管控亦是如此。因此，人资部门的管理压力较小，管理成本非常低。

3. 薪资增加明显

简言之，职位薪酬就是职位垂直分层式薪酬。例如，某企业员工职位工资2000元，科长职位工资5000元，经理职位工资10000元。从某种角度上讲，这也给员工带来潜在的动力。他们想：只要能够当上科长、经理，薪水就会有明显的上涨。由此可见，职位薪酬能够激发员工力争上游的正能量。

二、职位薪酬的缺点

1. 应用范围狭窄

通常来讲，职位薪酬只适合于传统企业。对于高科技公司或者现代企业，并不能体现其优势。某网络公司的老板说："互联网企业存在一人身兼多职的情况，且岗位职责较为模糊。我们采取的薪酬是一种'弹性薪酬'，薪酬与他们的工作所得有关。"

2. 缺少职位说明书进行责定

许多传统企业只有岗位说明书，却没有职位说明书。尤其在一些多部门协作的企业中，缺乏职位说明书就无法进行相关责权界定。如果继续延续职位薪酬管理办法，就难以体现其科学性、公正性。如今，许多企业的岗位是"跨领域"的岗位，即一个岗位需要承担多个角色。这样的岗位难以用"说明书"去描述，也就不适合用传统的职位薪酬法。

3. 影响个别员工的工作积极性

能够走上领导岗位的，毕竟是少数。大多数"升职无望"的员工会产生消极情绪，这对企业的长期发展不利。

4. 缺乏激励

职位薪酬是一种非常稳定的薪酬体系，这种体系甚至难以被外部经营环境所影响。如果企业外部经营环境产生波动，这种稳定的薪酬体系就难以对员工产生激励作用。比如，企业需要员工"开门红、促营销"，但是缺少薪酬涨幅，就无法调动员工的营销积极性。

管理者在建立岗位薪酬体系时，应该发扬其优势，弥补其劣势。另外，管理者还要结合其他薪酬体系进行薪酬管理。只有多体系、多维度薪酬体系相配合，才能体现薪酬管理的先进性。

技能薪酬体系的定义及优缺点

某食品加工企业，计划经济时代采取"大锅饭"分配机制。从下到上、不分男女老少，一律"平均分配"。工作能力强、劳动效率突出者与工作能力弱、劳动效率低下者领取的薪水几乎一样。后来，那些技术能手开始发牢骚："凭什么技能突出与技能一般的工资一样多？根本不公平嘛！"

这种"平均分配"的机制到了市场经济时代就不灵光了。这家企业转型改制后，新老板刚一上任，就打破了这种"平均主义"，采取一种"凭本事吃饭、靠技术赚钱"的薪水管理办法。谁有技术、谁的技能等级高，谁的薪水就多。这套办法一经推出，那些技术能手高兴了。他们不但靠技术赚了钱，而且靠技术升了职，成为企业的管理者。以技术带动生产，该企业市场竞争力有了显著提升，效益也有了明显改善。

曾经有学者调查加拿大的两家企业，采用技能薪酬体系之后，这两家企业生产率提高了58%，劳动成本降低16%，废品率减少82%。由此可见，技能薪酬体系对企业的促进作用是非常明显的。技能薪酬的定义是什么呢？简而言之，企业根据员工的技能水平和知识的深度及广度进行薪酬支付。这种薪酬体系最大的特点就是员工薪水与技能水平挂钩。

技能薪酬体系是当下企业最常用的薪酬管理体系之一，尤其在专业领域内，这种薪酬体系可以发挥巨大作用。因此，技能薪酬体系更适用于专业生产的技术岗位和生产岗位。俗话说，任何事物都有其优缺点，那么技能薪酬体系都有哪些优点和缺点呢？

一、技能薪酬体系的优点

1. 鼓励员工自我提高

既然工资薪水与技能水平挂钩，高技能等级的薪水就像一个"目标"时刻吸引着企业员工，激励着员工进一步学习技能，提升自己的技能水平。

2. 让优秀人才安心工作

优秀人才因"技术水平"成为企业内的优势资源，不仅具有较强的竞争力，还能拿到高工资，享受高待遇。物质和精神方面都得到满足，优秀人才就会安心工作。

3. 培养以技术为核心的企业

俗话说，技术决定生产力。一个重视技能、采用技能薪酬管理办法的企业，技术层面水平显然有所提高，这也能够让企业成长为技术性企业。

4. 有助于培养技术性人才

以技术为核心的企业，更加重视技能型人才的培养。如某些科技公司，非常重视技术平台的搭建工作，通过培训等方式培养自己的技术性人才。

二、技能薪酬体系的缺点

1. 企业薪酬支出压力大

改为技术薪酬之后，许多技术性人才能够得到高薪，难免会让企业背负薪酬支付压力。如果一个企业能够从"技术"中受益，将会缓解这种支付压力；反之，将会加大这种支付压力。

2. 培训成本高昂

为了改善企业的技术环境，加大对技术性人才的培养，企业要投入大量的培训成本对相关部门的员工进行技术升级。这种"升级"是耗时而缓慢的，持续性的高投入常常让一些企业叫苦不迭。

3. 薪酬体系管理复杂

技能薪酬不同于职位薪酬，需要对员工的技能等级进行评级，根据不同等级再进行计算、设置。因此，需要技能性高的人力资源管理师进行设计、规划、管理。

技能薪酬虽然设计复杂，还会导致企业人力资源管理成本攀升，但是从长远角度看，采用技能薪酬体系的企业无疑是有发展前景的。技能薪酬体系，更适合以技术为核心、以人才为本的民主管理型企业。

▶ 能力薪酬体系的定义及优缺点

人们常说，如果一个人失去了能力，将一事无成。能力大小，决定一个人的价值大小。还有一句话："能力有多大，责任就有多大。"美国科幻电影中的超级英雄，往往凭借一己之力力挽狂澜。现实中许多企业也有这样的"英雄人物"，他们凭借超强的个人能力帮助企业解决难题，成为企业成败的决定性因素。举个例子：某生物制药企业有一个生物学博士，他带领其团队为该企业研发多款具有市场竞争力的药物，为企业创造上亿元利润。互联网时代，这样的能力达人不断涌现，也引起企业管理者的重视。

什么是能力薪酬呢？它是一种企业以员工的能力水平和任职资格来确定其基本薪酬水平的薪酬管理办法。这种薪酬体系，完全是一种以个人能力为标准而设计的薪酬体系。能力越强、具备高层次任职资格者，收入较高；能力一般、不具备任职资格者，收入较低。许多企业为了培养员工的综合素质和能力，不惜斥重金，借助培训等方式提高员工的能力。可以说，能力薪酬体系是互联网时代下催生出来的一种新型薪资管理体系，具有改革意义。

能力薪酬有三种选择方式。第一种是将能力与职位挂钩。能力强者，符合某职位任职要求者，可以享受职位工资待遇。第二种是将能力与任职角色挂钩。也就是说，一个员工想要胜任某个角色，就需要具备某种能力。第三种是将能力与"能力"挂钩。这种方式是一种完全以能力定薪的方式。有人问："一个人的能力应该如何去界定呢？"是啊，能力是一个非常抽象的概念，许多人总会把能力与业绩挂钩。业绩出众者，能力强；业绩较差者，能力弱。由此可见，"能力大小"的界定并不是一件容易的事情。能力薪酬看上去很时髦，但是也有其利弊，那么能力薪酬体系都有哪些优点和缺点呢？

一、能力薪酬体系的优点

1. 激发员工不断提升能力

一旦薪酬与能力挂钩，将会激发员工自学、参加培训的热情，用提高匹配能力的方式来提高自己的待遇和薪水。事实上，这也是建立"学习型企业"的基础，对个人、企业都有好处。

2. 激发员工的自我管理意识

能力与责任是一对双胞胎！在企业管理、监督体系较为完善的情况下，可以让员工培养出自我管理意识。自我管理意识越强，企业管理压力就越小，执行力也就越高。

3. 促进企业实现扁平化管理

员工自我管理意识的加强，责任心得以提升，也就减轻了企业的监督管理责任。因此，企业想减少了管理层和监督层，完全可以推行扁平化管理。管理者直接对员工布置任务，员工凭借自己的能力完成任务。管理层越少，管理效率也就越高。

二、能力薪酬体系的缺点

1. 制定过程复杂

能力并非特指一项技能，而是由知识、技能、职业素养组合而成，这就牵扯到许多方面，比如学习力、组织力、决策力、掌控力、服务精神、归纳思维、预判意识、领导意识、奉献意识、合作意识、行为特点等。这也决定了制定合乎企业实际的能力薪酬体系是非常困难的。

2. 能力好未必业绩好

虽然有些人能力很强，但是在某些特殊条件下未必能够带来好业绩。单纯推行以能力与"能力"挂钩的薪酬管理体系是非常盲目和不科学的。只有将能力与绩效成绩相结合，才具备考核价值。

能力薪酬，同样也是一种"以人为本"的薪酬体系，但是需要人力资源部门将能力与岗位相结合、能力与技术相结合、能力与绩效相结合，才能够制定出顺应时代潮流、符合企业利益的薪酬体系。

3. 互联网时代下的薪酬制度

互联网时代与此前的任何一个时代都不同，它有着自己的特点。在这样的时代背景下，企业管理发生剧变，从组织架构到管理结构，从人才政策到薪资体系都在不断发生变化。以不变应万变的时代已经一去不复返，互联网时代要求企业要"变"，而且要"变"得科学。

> 某外贸加工企业，由于外贸订单减少，被迫将加工业务逐渐转向国内市场。由于该企业对国内市场并不熟悉，加之国内市场竞争激烈、利润极低，因此遭遇转型"瓶颈"。为了解决困难，企业老板想到了一个"借助互联网自主营销"的办法。为了招纳互联网销售人才，他修改了传统的薪酬制度和体系，采用以激发员工营销热情为目标的薪资制度，即工资＝保底工资＋补贴＋福利＋营销奖金。其中，营销奖金非常吸引人，如果完成营销任务，则按照营销总利润的 10% 进行奖励。正因如此，这家企业形成了一股"网络营销风"，全员参与营销。不到半年时间，这家企业就彻底打开了国内市场，通过电商平台、传统代理等方式，实现销售利润 1500 万元。企业老板兑现了承诺，拿出 150 万元进行奖金奖励。后来这家企业坚持科学的薪酬管理，根据环境和市场变化，不断修订薪酬制度和薪酬体系，让企业步入良性

循环的发展状态。

有一位企业家说过:"与时俱进是一种勇气,为企业、员工谋取福利是一种责任。"互联网时代下的薪酬制度也要与时俱进,既要符合时代特点,又要符合企业利益与员工利益。因此,在设计新时代薪酬制度时,企业管理者要做好三项工作。

第一,员工、岗位、薪酬协调一致。

如今,许多企业都把人才放在第一位,坚持"以人为本"的管理理念。因此,在信息制度下,一切要围绕着"员工"进行制定,从员工开始到员工结束。不管是做职位分析还是岗位分析,还是做市场薪酬调查,目的就是确定企业薪酬水平,制定薪酬标准。有了标准,也就有了薪资体系和制度的大体轮廓。按照马斯洛的需求层次理论,寻找到与员工对薪酬需求的契合点,才能把薪酬制度制定得更完善、科学。员工需要薪水,有了薪水的员工就需要完成自己的岗位工作。岗位、薪水、员工是相互关联的,只有协调一致,才能够解决岗位管理的问题。

第二,制造企业"竞争环境"。

以人为本,不是圈地养羊,而是生存法则。部门与部门之间存在竞争,员工与员工之间也存在竞争。良性竞争,能够让员工爆发出更强大的战斗力。有些企业,工作环境优越,员工待遇也不错,表面看上去十分和谐,实则充满了各种是非。有人说,这种现象是"闲人病"造成的,同样是缺乏竞争的表现。如果一个老板能够给员工紧迫的目标,对率先完成目标者进行薪资奖励,大家就不会有闲情逸致拉帮结派。另外,竞争环境就是一种"生态"。通过竞争上去的管理者,才是企业真正需要的人才。有一位企业管理者说:"竞争环境是一种自然生态,适者生存是人力资源管理的基础。一个充满竞争的企业,才是有活力的企业。员工为了生存下去,就会不断提升自己的'生存能力'。"

第三,让员工与企业达成一致。

过去人们常常把个人利益与集体利益看成完全对立的两种利益,认为个人利益得到了满足，集体利益就会受损；牺牲个人利益，才能换来集体利益。互联网来临之后，它又告诉我们另外一种关系：共生关系。换句话说，员工是企业资本，员工利益同样也是企业利益的一个重要组成部分。因此，管理者要明确资源分配导向，厘清员工与企业的关系，找到一种最为合适的薪酬分配制度。只有两者关系达成一致，企业才能做大做强。

管理者制定薪酬制度，不仅要遵守法律、公平公正，还要坚持绩效原则、激励原则和适应需求原则。只有这样，才能制定出符合互联网时代的薪酬制度。

第七章
借助福利，提升员工忠诚度

❯❯ 世界著名企业的那些奇葩福利

互联网时代流行各种福利，有企业员工福利、促销福利、互联网游戏福利等。福利到底是什么呢？福利就是一种间接薪酬，比如过年过节发放的礼品、奖金、带薪休假、年终奖、健康险等。福利也是薪酬的重要组成部分，是除基本工资之外的奖励。福利是一个泛化的词语，涵盖面很广。如有些企业、医院为了满足员工子女上幼儿园的需求，内部筹建幼儿园解决相关问题；还有一些企业每年夏季下发高温补贴和高温茶，给员工带来一丝内心"凉意"。总之，福利是个好东西。福利是现代企业的一种管理手段，借助福利，许多企业都能够激发员工的工作积极性。接下来，让我们看看世界著名企业的那些奇葩福利吧！

世界上知名度最高的企业，非苹果公司莫属。苹果公司的产品不仅享誉全球，连员工的福利待遇也令人羡慕。苹果公司员工的薪水待遇，在业内是首屈一指的。从高层到基层，员工们都纷纷大赞苹果公司的福利。苹果公司的兼职人员只要每周工作满 20 个小时，就可以享受美国 401K 养老福利和健康保险。除此以外，苹果公司也为员工上下班提供豪华大巴接送服务，并为员工提供独立自主的发展空间。苹果公司的做法告诉你：只要你有才华，你就是不一样的烟火。

国内的一家高科技公司更加有趣，他们有一项"狗粮"福利。所谓"狗粮"福利，就是情人节、"双11"给公司内的单身男女发放的福利奖金。情人节给予2140元的"狗粮"奖励，"双11"则给予1111元的"狗粮"奖励。有些员工打趣道："为了'狗粮'，甚至不想找女朋友了！"公司通过这种奇葩福利，吸引了许多年轻精英加入公司，成为公司的一员。看得出来，公司福利虽然很奇葩，但是管理效果非常赞。

谷歌公司也是著名的福利好的公司。许多尖端人才削尖脑袋想要加盟谷歌，也是被谷歌的福利所吸引。据了解，谷歌的老总非常大方，给员工的各类补贴多如牛毛。更令人咂舌的是谷歌的另外一个超级福利——遗嘱福利！谷歌公司承诺，如果员工不幸在工作期间离世，其配偶将会得到未来十年的50%薪水的补偿；如果其子女未满18周岁，每个孩子可以获得每月1000美元的抚养补贴，直到孩子成年。这种超级福利，不仅令人称赞，简直是令人羡慕嫉妒恨啊！

提供超级福利的企业还有海航公司。海航作为国内航空公司的佼佼者，为了解决员工住房问题，推出了超级住房福利。海航海口航城房以4000元/平方米的成本价出售给员工。另外，海航公司不允许管理层购买福利房，福利房只是一种员工福利而已。通过这种方式，海航还在全国多个城市为员工分配"福利房"10000多套，为海航员工购房节支60多亿元。

更有趣的是，著名的宠物食品公司"玛氏公司"，则允许员工带着自己的爱犬、爱猫等宠物来公司上班。公司还设有宠物游乐园，员工可以与自己的萌宠在上班的时间自由玩耍。这种"宠物大本营"式的奇葩福利，想必也是世界上独一无二的。

另外，阿里巴巴公司则成立了教育基金，该基金用于企业员工子女的学前教育和小学教育。2011年9月1日，阿里巴巴公司还推出一个名为"iHome"的计划，向员工们提供30亿元的免息住房贷款，而且无须担保，每个人贷款额度为20万—30万元。

福利不仅是一种待遇，更是一种管理武器。福利可以让员工建立期望，并让员工产生归属感。许多人才选择企业，不就是选择企业的福利待遇吗？

员工福利的六大意义

有一家企业，员工人均年收入约 6 万元，其中，工资 3 万元，奖金 1 万元，各种福利补贴 2 万元。也就是说，员工福利占了总收入的 40%。还有一些企业，福利能够占据员工年收入的一半以上。换句话说，福利也是一种薪酬。企业给予良好的福利，就是对员工的一种奖赏与肯定。世界知名企业几乎都是高福利企业，这类企业不仅效益好、受关注度高，还能够成为引领时代潮流的标志性企业。

福利与工资、奖金合并成为企业薪酬体系的"三大金刚"。福利分为两种，一种是现金福利，另一种是非现金福利。现金福利包括各类补贴、分红等。非现金福利包括企业的各类优厚待遇，比如带薪休假、养老、子女教育、医疗、住房等。福利就是企业给予的"福利"和"利益"。通常来讲，福利有六大意义。

一、吸引人才、留住人才

许多尖端人才对高福利的企业有着较高追求。曾经有一位海归博士说："人都是'利'字打头，福利待遇肯定是第一选择。"如果一个企业福利待遇好，优秀人才为何要选择其他福利待遇差的企业呢？高福利能够吸引人才，同样也能留住人才。有人说，福利是一种投资。企业以福利的形式投资人才，也会换来人才的回报。由此可见，良好的福利能够吸引人才，留住人才。

二、福利是一种"契约"

一个企业给员工发福利，意味着什么呢？意味着对员工的信任、重视，相信员工得到福利后，会以同样的方式对待企业。换句话说，福利就是一种心理"契约"。首先，员工得到福利后心态会发生变化，比如内心会得到满足；其次，员工得到的福利本就是他应该获得的"补偿"，因此能够让员工内心更加平衡。福利如同工资，有承诺作用，也有补偿作用。如果企业与员工都认可了这种"福利"，思想、利益等方面也会达成共识。

三、福利有激励的意义

福利与绩效工资的作用如出一辙，都能够对员工产生直接激励作用。例如，某企业向员工承诺，如果年底完成10亿元的销售总额，便拿出2000万元作为分红福利进行奖励。有了这样一个目标，企业员工努力奋斗，实现了企业的历史目标。企业老板兑现承诺，企业员工人均得到13000元的分红福利。福利是一种激励，也是一种管理武器。员工得到福利，内心得到满足，因此会更加努力工作。又如，有一家企业老板承诺："奖励优秀员工汽车一辆，名额十个。"在这样的"佣金悬赏"下，该企业内的员工如同打了鸡血，拼命工作。成绩突出者拿到了汽车福利，企业效益也得到了倍增式的提高。

四、福利有引导的意义

一个企业的福利，并非一成不变的。如不同职位的股权福利是不同的，普通员工每年可以拿到1万元的分红，部门经理可以拿到10万元的分红。这种差异，就会引导员工展现自身价值、提高自己。有些企业的福利是完全依照马斯洛的"需求层次"理论制定的。员工不断提升自我，才能不断满足自己对福利的追求。

五、福利有凝心聚力的意义

企业发放福利，一方面能够满足员工的物质、精神生活，让员工安心工作；另一方面则能够缩小收入差距，让员工与员工始终处于同一生活水平线上。正因为如此，员工才能心无旁骛地去完成工作。另外，企业福利并非一个人创造的，而是源自团队。为企业、团队创造价值，也就能为自己带来福利。因此，福利可以让企业氛围更加和谐，也可以让团队更加有凝聚力。

六、福利是企业文化的铺路石

福利能够让员工更加安心工作、归属感更强、更有自信心。而这些元素，恰恰是建立企业文化的核心元素。有一位企业家说："企业文化与薪酬体系关联紧密，如果连薪酬工作都做不好，何谈企业文化建设？"福利作为薪酬的一部分，同样会影响到企业文化的建设。福利是一种企业文化，亦是推动企业文化发展的原动力。体现企业的福利，如同展示企业的雄厚实力与人文精神。

给员工发福利，不是企业搞慈善，而是一种管理方法。如果凭借福利就能换来员工对企业的承诺、责任和忠心，无疑是一笔非常划算的买卖。

▶ 供员工选择的"自助福利"

南方有一家服装公司，董事长老贺是一个脑子很活的人。他说："企业选择人才，人才选择企业。可以说，企业管理也是一道选择题。在薪酬发放方面，我们是否也能有所改变？"

老贺发表这番话，有一个原因。两年前，企业在年底开始发放春节福利。春节福利是什么呢？一桶花生油、一盒黄花鱼、一袋大米、一斤茶叶，总价值500元。就是这样的福利，老贺听到三种声音。第一种声音是：这样的福利不错，省得花钱再买了。第二种声音是：年年如此，就不能变点花样？其实，还不如直接发500元过节费，大家想买什么买什么！第三种声音是：现在家家都有车，还不如发500元钱加油卡呢！每个人的喜好不同、需求不同，因此对福利的要求也不同。

为了让所有员工都能满意，老贺进行了福利改革。以春节福利为例，老贺提供了四个500元春节福利的选项，大家可以自由选择，然后将结果汇总报给人力资源部门，由人力资源部门进行分类、发放。其中，有37%

的员工选择购物卡，35%的员工选择现金，26%的员工选择加油卡，2%的员工选择礼品组合（花生油、黄花鱼、大米、茶叶）。此方案一经推出，得到企业员工的广泛好评。有些员工评价老贺：这才是真正讲民主的好领导！

现如今，企业福利种类很多。举个例子：一个大型股份制企业，其福利类型高达10种，包括五险一金、带薪休假、免费餐卡、交通补助、购车补贴、房屋补贴、教育基金、带薪培训、伙食补贴、股票优先权。这些福利，就是一道一道的"菜"，与餐厅十分相似。有些企业为了满足员工的不同需求，允许员工在同等价值的多项福利中自由选择。这种"自助式福利"非常适合互联网时代下的企业福利管理策略，也更能体现出"以人为本"的特点。所以，自助福利有以下三大优势。

一、尊重员工

许多企业高喊"员工是灵魂"的口号，能够落到实际的企业却不多。有人做过相关方面的调查，发现许多企业都是采取"同等福利"的发放方式，年底统一发过节礼盒、八月十五统一发两盒月饼……许多员工吐槽："这种福利，完全是一种敷衍。"自助福利则不同，每一个员工都能够选择到自己想要的福利，能够体现福利的差异性。这种差异性，恰恰能够满足不同员工的不同需求，让员工感受到企业的良苦用心。简而言之，自助福利是一种尊重员工的福利方式，它尊重员工的需求和选择，体现福利的"民主"特点。

二、留住员工

现实中，因为"福利待遇"跳槽的员工不在少数。如有一个软件工程师厌倦了公司吝啬的福利待遇，于是发牢骚："每年为公司带来100万元的利润，年底依旧是2000元的购物卡。"有家公司向他承诺自助福利后，他动心了。他高兴地说："我不缺 2000 元的购物卡，我想要带薪休假、旅游和与家人团聚。"后来这个软件工程师果断选择跳槽。事实证明，有价值、可选择的福利，是吸引员工、留住员工的主要方式之一。如果故事中的员工有"带薪休假"的福利可以选择，如果企业能够变通一下，这名工程师也就不会跳槽离开。企业福利，应该从员工的需求出发，才能够体现"福利"的真正意义。

三、让员工忠诚

自助福利就像自助餐，每个人可以选择适合自己胃口的福利。员工"胃口"得到满足，就会产生一种满足感。事实证明，满足感可以产生归属感、工作动力和积极乐观的工作态度。而这一系列连锁反应的终点，就是忠诚。假如自助福利能够让员工死心塌地地跟着企业，为企业冲锋陷阵，岂不是一件很好的事情吗？

自助福利是互联网时代的"福利"，这种"福利"虽然在人们统计和管理时存在一定的困难，却是大势所趋、众望所归的福利发放方式。

▶ 养老福利：制定企业年金

如今一些企业还为员工交"企业年金"，企业年金到底是什么呢？企业年金，是在养老保险基础之上的另外一项补充，也被称之为补充养老金。那么，为什么说企业年金是一项"福利"呢？

互联网时代下，除了各式各样眼花缭乱的形容词外，还有一个与之不相称的词被提了出来——人口老龄化。中国实行计划生育国策近 40 年的时间，人口虽然得到了控制，但是社会年龄结构发生了变化。换句话说，中国已经进入老龄化社会。原本 10 个人可以"供养"一个老年人的晚年生活，如今或许只有 5 个人"供养"一个老年人。人口红利减少，社会养老支出增加，养老问题就成了 21 世纪面临的重要问题。有人说，养儿防老，种种现象告诉我们，养儿不防老，养老还要靠自己。还有人说,以房养老,事实上,许多人终其一生都在租房。企业年金虽然只是"养老计划"中的一部分,却能够为员工养老贡献一份力量。因此,企业制定企业年金是绝对意义上的"养老福利"。

一、企业年金需要企业与个人共同承担

许多人不理解,他们会问:"福利不是企业赋予的吗?为什么自己还要交钱?"通常来讲,企业承担员工年金的8%,个人需要承担员工年金的4%。事实上,企业占了大头,个人只是占个小头而已,最终受益方还是员工本身。

二、企业年金的提取

企业年金通常存入企业内的年金个人账户上。严格来说,需要员工退休后进行年金提取;如果没有退休,不能够从年金个人账户上提取。但是这里还有两项特殊规定:如果员工在职期间因病丧失劳动能力,可以申请年金提取;如果员工在职期间去世,可由其继承人继承并领取。言外之意,企业年金不会凭空消失,是你的终究还是你的!

三、缴纳企业年金的具体意义

从企业层面看,企业年金是防老计划的一部分,是企业给予员工的一种养老福利,它能够体现企业的责任感。企业年金是企业薪酬体系中的一部分,补充企业年金的目的,也是为了完善企业薪酬体系。前文讲过,健全的薪酬体系对引人、留人有积极的作用,而且还能够增加企业凝聚力,实现企业的稳定发展。另外,企业缴纳企业年金可享受税收优惠政策。2008年国家出台企业年金税收政策,2009年财政部将企业缴费部分的优惠率提升到5%,这让企业有了启动"企业年金"的动力。

从个人层面看,企业年金如同退休保障金,可以在退休之后一次性或分次进行提取,从而提高员工的养老生活质量。企业年金还是一项专业的"投资管理",

可以帮助员工实现长期理财增值的目的。事实上，与其将钱提前透支，不如为今后养老做个存款打算。另外，个人缴纳部分也能够享受税优政策。

总之，企业年金是一个看得见、摸得着的福利，甚至是一种保障老年生活质量的福利。未来社会发展趋势，养老更要靠个人。如今，许多知名企业或者大型企业都有"年金计划"，有年金的企业仿佛比没有年金的企业效益更好，凝聚力更强。或许年金数量并不多，却是看得见、摸得着的福利，而这项福利与员工的养老相关，能够缓解员工的养老压力。既然企业能够帮助员工实现养老的目的，我们为何还要拒绝呢？

▶ 医疗福利：补充医疗保险

人之一生，总会与各种疾病相遇。小病需要吃药，大病可能就要住院、系统治疗。如今，医疗费用高昂，许多人有病不敢看。有社会医疗保险，治病开支会相应少一点；如果没有医疗保险，"一病回到解放前"也是有可能的。

大多数企业都有针对员工制定的医疗福利，医疗福利大概有三类。第一类是医疗期福利。特指员工在岗位期间因生病而给予的治疗假期，治疗假期与疾病划分、治疗进度相关。第二类是疾病补贴。员工住院期间，依旧可以享受不低于基本工资80%的疾病津贴。第三类是医疗辅助。通常来说，企业给员工缴纳医疗保险，治病住院可以选择医保定点医院，医保范围内的费用可以按照一定的比例进行报销、补偿。在这里，主要介绍一下补充医疗保险。

什么是补充医疗保险呢？补充医疗保险是企业在参与基本城镇居民医疗保险的基础上，自主补充的一种医疗保险。通常来讲，补充医疗保险需要讲究"自愿原则"，也就是说，员工如果不愿意购买，企业是不能强行帮助员工购买的。为何强调补充医疗保险是企业给予员工的一种"福利"呢？补充医疗保险通常是一种保险险种，是对基础医疗保险的一种补充。补充医疗保险报销范围是基础医疗报销范围外的剩余部分，言外之意，有补充医疗保险的员工，生病治疗期间个人承担的费用更少,报销金额更多。

值得注意的是,当下许多企业为员工购买补充医疗保险,属于一种强行行为。有一些员工反映:企业每年都会从工资中直接扣除,用来购买商业医疗保险。但是越来越多的企业意识到这样的问题,主动承担起为员工购买补充医疗保险的责任。也就是说,这些保险完全是企业免费赠送的,是一种彻头彻尾的福利。为员工主动缴纳补充医疗保险,有三个方面的意义。

第一,医疗福利是一种尊重人才、重视人才的体现,同样也是一种企业责任。给员工提供更好的福利,从而提高员工的满意度,才能让员工对企业更有信心。有一些企业比较"吝啬",以企业效益不好等为借口不给员工购买补充医疗保险。补充医疗保险一年一交,费用不高,难道还能对企业资金支出造成压力吗?显然不会。因此,许多企业选择"团体商业保险"的形式为员工购买补充医疗保险,是一种主流的人力资源管理发展方向。

第二,为员工缴纳补充医疗保险,可以进一步缓解企业、员工医疗支出压力。举个例子:某员工因为重病住院,一个月就花了十几万元。除了医保范围报销的部分,企业为员工购买的补充医疗保险发挥了大作用。保险公司根据实际情况,也会对该员工进行相关的医疗辅助赔偿。员工得到了实际帮助,少花了钱,而且还解决了住院治病的问题。

第三,补充医疗保险完全是一种基础保障。在当今社会医疗体系尚未完善之前,提前完善补强,是一种前瞻性的行为。有位企业家说:"具备高瞻远瞩的视野,是做好人力资源管理工作的基础。"补充医疗保险是一份"健康"福利,它关注员工的生活质量。对于那些存在疾病隐患和个人负担较重的员工而言,补充医疗保险具有"雪中送炭"的作用。

某企业管理者说:"医疗保险是一个人一生最重要的保险门类,它与一个人的生命息息相关。许多人因为缺少医疗保险而在医疗过程中陷于两难境地。因此,企业有责任为自己的员工购买一份医疗保险,帮助员工解决后顾之忧。"企业福利有许多种,有的关乎人生理想,有的关乎家庭和睦,有的关乎身体健康……不管它的作用是什么，福利都是一种人力资源管理工具。医疗保险，同样也是有效工具之一。

▶ 利润分享：提升员工干劲

有一家科技公司，主要研发各种软件。该公司有一定的市场占有率，企业效益和前景非常不错。企业老板是个"海归"，管理思维非常时髦。因为有海外工作经历，他将国外的一些人力资源管理的方式引入自己的企业。

他说："把欧美的企业老板看作吸人血的'资本家'，以剥削工人阶级为目的的观点是错误的！海外许多企业重视人才，把人才看作企业发展的'永动机'。没有人才，也就无法产生利润。为了感谢员工，许多企业都会按比例拿出利润与员工进行分享。"换句话说，利润分享就是"共享"劳动成果。员工作为劳动成果的缔造者，理应分得劳动果实。于是这位老板也按照这种方式，拿出公司盈利总额的10%与员工进行分享。

以2016年为例，这个公司拿出1223万元进行利润分享。全公司158人，平均每个人可以拿到7.7万元福利分红。许多人羡慕这家公司利润分享模式，甚至有人感慨："如果我也是他们中的一员，那该有多幸福。"

通过这种模式，企业员工不仅有了工作干劲，还会对企业产生一种"感恩"之情。俗话说，滴水之恩当以涌泉相报，这家科技公司的员工用"回报"帮助公司做大做强。

有一个著名企业家把企业利润比喻成一个"蛋糕"，制造蛋糕的人恰恰就是员工。让员工共享"蛋糕"，并不是一种管理境界，而是管理者必须要做到的事情。举个例子：有一个化工厂，老板非常抠门，除了给员工发放基本工资之外，其他福利一概没有。公司员工给老板起名"周扒皮"，这位老板就像传统的资本家那样以榨取劳动者剩余价值为目的。正因为如此，许多有技术的员工纷纷跳槽，去了福利待遇好的企业。这个化工厂，效益越来越差，口碑也越来越糟糕。最后，这家化工厂破产重组，被其他企业兼并。利润分享不仅是一种福利，还是一种对员工价值的肯定。利润分享不是简单、盲目地拿出一个百分比去给员工发奖金，而应该采取科学、合理的方式方法。管理者或人力资源管理部门要做好三项工作才能把利润分享做到位。

一、建立分享计划

利润分享是一个长久的，而不是"临时起意"的行为。通常来讲，企业欲做好利润分享工作，首先，要提前准备一个分享计划，制定利润分享制度，确定实施责任人。其次，制定一个利润分享执行流程。按照流程办事，可以规范、落实工作。另外，还要明确分享方式。常见的分享方式有两种：一种是现金方式，这种方式有很强的短暂激励作用；另一种是延期分期分享，就是每年、每个季度按照分期次数进行分享，这种方式有长效激励作用。

二、明确分配依据

利润分享，并非全员平均分享，而是要借助科学依据进行公平分配。许多企业采取按绩效分配的方式。谁的绩效成绩好，就分配得多；谁的绩效成绩差，就分配得少；绩效成绩未达标者，不参与分配。还有一种分配方式，是以岗位贡献值为依据进行分配，执行方法与"绩效"法相似。确定分配依据，才能达到利润共享的目的，从而激发员工的工作积极性。

三、确定分配比例

常见的利润分享分配比例的制定方式有三种。第一种是固定比例。就是拿出企业利润的百分比进行固定分配。第二种是分段比例。举个例子，完成100万元利润比例为2%，完成200万元利润比例为3%，完成500万元利润比例为5%。分段比例有更明显的引导作用和促进作用。第三种是界限比例。只有实现企业计划利润后，才能激活利润分享。

联想集团创始人柳传志有句用人名言："共享利益，上同一条船，捆绑命运。"员工与企业是命运共同体，分享利润是一种公平、民主、聪明的做法。互联网时代，不懂得分享的企业，想必也没有光明的前途。

第八章
绩效管理：HR 另一高招

▶ 互联网时代下的绩效管理

互联网时代，借助互联网思维思考人力资源管理问题，也是顺应时代潮流之事。海尔集团老总张瑞敏说过一句话："管理无边界，企业无领导。"这句话凸显了互联网的两个特点：去边界化，去中心化。管理的目的是什么？实现企业效益。管理的核心是什么？当然是人。企业效益是如何实现的？还是通过人。管理的本质又是什么呢？协调。协调是如何进行的？还是通过人。总而言之，管理即人。一个企业有许多人，有老总、中层干部、基层员工。这么多人，到底谁是核心呢？许多人会不假思索地说："老总，群龙不可无首，离开老总企业就转不动了！"但是互联网时代的企业，借助制度、流程进行运转，单个人的作用几乎可以忽略不计。因此，有一些老总感慨："企业换掉我，运转依旧。"绩效管理能够体现员工的价值，为员工进行"赋能"。员工能够通过绩效展示自己的本领，如愿以偿地拿到自己的奖励和福利。另外，互联网时代的绩效管理，同样也要具备互联网自身的特点：去中心化、"粉丝"效应、高效简化。

一、"去中心化"的绩效管理

互联网时代,许多企业采取扁平化管理,给管理结构做减法,管理层少了,执行层的面积就扩大了 N 倍。从某种层面上讲,这种管理结构是"去中心化"的,管理者变成了决策者和保姆,员工变成了实际执行人。在这样的管理环境下,员工能够在工作中得到授权和尊重,变成一个独立个体。互联网时代,这种独立个体的作用会更加明显,甚至会变成一个价值符号。员工能够获得更多话语权和资源控制权,依靠个人本领就可以让企业资源发生变化。因此,互联网时代管理体现人的价值,也改变了企业的绩效管理方式。"去中心化"的绩效管理模式是一种开放的、民主的管理模式,它在放大个体价值的同时,又将企业文化精髓、价值观、发展观融为一体,建立一种新型绩效管理体系。

二、"'粉丝'效应"的绩效管理

互联网时代的另一思维,就是一切围绕着"产品"和"客户"展开。有一些企业虽然重视产品开发和设计,却忽略了员工对产品的影响力。有这样一个言论:"客户是上帝,产品是核心。企业存在的意义,就是为上帝和产品提供大量'粉丝'。"对于企业而言,让员工参与 HR 建设,与 HR 一起成长,同时也让他们为产品设计、客户培养献计献策。在这样的管理维度上,员工能够成为 HR 管理组织中的一员,甚至参与资源分配、薪酬体系的制定和绩效管理的设计工作。只有让员工成为"产品"与"客户"的"粉丝",才能形成"'粉丝'效应",创造"'粉丝'经济"。

三、"高效简化"的绩效管理

传统的绩效管理,可以用"复杂"二字来形容。为何是"复杂"呢?有些企业制定的绩效指标,完全是用来吓唬人的,不仅起不到效果,还有"说不出的秘密"。还有一些企业的绩效考核,完全是乱发"官威"。如果在执行过程中不小心得罪了人，恐怕还会耽误自己的前程。借助互联网思维解决绩效管理问题，首先，要排除一切人为干扰因素，让绩效管理变得干净、纯粹。其次，还要对绩效考核的制度和方法做减法，让绩效考核更加简单，符合互联网高效快捷精准的特点。另外，绩效管理是一种靠"流程"实现管理目标的"高效管理模式"，这种模式能够体现管理的价值与员工的价值，实现企业绩效。

互联网时代的绩效管理，可以用八个字来形容：以人为本、简洁高效。另外，互联网时代的绩效管理不但能够体现人性，而且还能对人力资源进行重新定位。因此，借助互联网思维重新思考绩效管理，也是企业管理者非常值得尝试的一项工作。

绩效管理的八大核心价值

通用电气前CEO杰克·韦尔奇说过一句话："如果说，在我奉行的价值观里，要找出一个真正有推动力的，那就是有鉴别力的考评。"有鉴别力的考评，其实就是绩效管理。"绩效"二字，是成绩与效果的合体。如果一个人在特定时间内高质量地完成工作，并取得优异成绩，便是拥有高绩效的表现；相反则是低绩效。无独有偶，华为公司在绩效管理方面也是独树一帜的。华为奉行一种"工资倒推任务"的绩效方式，如给你20万元年薪，要倒推出你的工作业绩。完成任务者，不仅可以拿到20万元年薪，或许还有其他奖励加成……对高收入有追求的人，必然会拼尽全力、战斗到最后一刻。马云谈及阿里巴巴核心竞争力时是这样说的："核心竞争力是阿里的价值观。什么是价值观？就是思想，就是企业文化。绩效管理为这个价值观、为这个核心竞争力做出了贡献。"由此可见，绩效管理对企业有着很强的推动力。

一、明确目标

绩效管理是以企业目标为导向的管理。绩效的目的，就是通过制定绩效目标任务，督促员工倾尽全力完成工作。绩效管理本来就是一个目标：往大处讲，是企业大目标；往小处讲，是员工小目标。明确目标，也就能够制定出员工的工作目标和指标，让员工努力工作。

二、目标一致

绩效管理，就是将企业目标进行层层分解，落实到每一个部门、每一个岗位、每一位员工。如某公司分解1000万元营销目标，销售一处需要完成200万元营销目标，销售一处共5个人，每个人需要完成40万元的营销目标。这种从上到下的分解，存在一种关联。这种关联如同一条"连接线"，是上下贯穿、目标一致的。这也有利于员工与员工、员工与部门、部门与企业形成高度一致的目标。目标一致，企业老板的管理与员工的执行才能够形成一条线。

三、督促作用

简单来讲，只有完成绩效考核任务者，才能够拿到绩效工资和相关奖励；如果没有完成绩效考核，恐怕这个月就只能"啃面包、喝凉水"了。从这个角度来看，绩效管理有很强的督促作用。

四、有利沟通

许多企业为了确保绩效管理质量，会搭建一个绩效沟通平台。在这个平台上，考核者与被考核者可以对考核内容、考核方法、考核过程中存在的相关问题进行磋商，确保绩效管理工作的有效开展。比如，有一些企业定期开展绩效会，绩效会就能起到一个很好的沟通桥梁的作用。

五、有效预警

提前制定绩效管理目标，可以对执行过程中的人进行"防御疫苗"的接种。还有一些企业建立绩效预警机制，提前对相关信息和执行过程中可能存在的问题进行搜集，形成绩效预警表。通过这个机制，管理者可以跟踪绩效执行过程。

六、科学决策

绩效考核结果能够给管理者决策提供科学依据，管理者可以根据绩效考核结果做出多方面决策，比如资源重置、人才引进、工资考核、岗位提拔等。

七、员工激励

绩效考核最重要的作用就是激励。许多企业将激励机制与绩效考核挂钩，只有绩效成绩好，才能拿高工资，才有晋升的资格。

八、员工成长

许多员工的职业生涯并不是一帆风顺的。在长期的绩效考核过程中，企业管理者有义务帮助员工完善绩效改进方式，对员工绩效结果进行诊断，对员工进行与绩效相关的沟通与辅导。通过这种方式，员工能够认识到自己的不足，通过学习与自我调整，实现自我成长。

杰克·韦尔奇还有一句名言："对我来说，绩效比资历与忠诚度更重要。"由此看来，重视绩效管理，才能发挥出绩效管理的八大价值。

≫ 建立绩效管理系统

许多人把绩效管理看成一个简单的方法，就像给员工布置作业那样，根据作业完成的好与坏进行有侧重点的评估。绩效管理其实并非那么简单，而是一套涵盖组织管理、员工考核、激励机制等多方面内容的管理体系。或者说，绩效管理就像人体的一个"大脑"，由各类区块、神经元等组合而成，它能够为企业管理提供各种思路和依据。

绩效管理系统的作用有很多，尤其对人力资源组织与建设有极大的帮助，因此，企业管理者或企业 HR 相关部门应该建立一套符合企业特点的绩效管理系统。建立一套绩效管理系统，需要做好以下几个方面的工作。

一、确定考核目标

绩效管理的目标有两个，一个是组织目标，一个是个人目标。绩效管理的组织目标是为了提高组织的整体能效，实现企业整体目标。绩效管理的个人目标是打造一支高素质人才队伍，让员工能够自我发掘潜能，自我调动主观积极性，弘扬企业文化、树立企业形象，通过不断优化绩效工作，进一步提升执行绩效，使个人价值最大化。企业目标与个人目标相结合的目标，就是一个企业绩效管理的总体目标。目标确定了，才能进行下一步工作。

二、确定考核者与被考核者

考核者就是绩效管理系统的直接管理人和监督人，考核者一般为企业董事长、人力资源管理部门下设的考核小组、客户等。被考核者就是广大企业员工。考核者与被考核者的关系是一种互相监督、彼此合作的关系，而非敌我关系，非上下级关系。确定了考核者和被考核者，才能够进行绩效管理考核工作。

三、确定绩效考核内容

狭义的"绩效"考核，只考核两项内容，即成绩和效率。事实上，一个企业的绩效考核是多方面、多维度的，涵盖一个人的德、勤、能、绩。所谓"德"，就是道德，也就是一个员工的工作态度；所谓"勤"，就是出勤率，也就是一个人的勤劳程度；所谓"能"，就是工作能力，如解决问题的能力、管理能力、创新能力、团结协作的能力等；所谓"绩"，就是成绩，成绩才是一个人综合本领的体现。绩效考核内容可多可少，许多企业采取 KPI 考核法，KPI 即绩效关键指标。比如，某企业销售部对销量和利润进行了 KPI 指标考核，而产品销量与部门销售利润就是该部门的绩效考核内容。

四、确定员工绩效考核标准

考核标准用来衡量员工各种表现，并对员工提出相关要求。绩效考核标准会明确每一项考核内容所占的分数比例。以满分100分为例，目标完成度10分、工作效率10分、工作质量10分、执行情况20分、技能10分、理解判断10分、沟通10分、创新10分、组织纪律10分。每一个考核项目还会进行细致划分，比如执行情况：执行力好20分、执行力一般10分、执行力不合格5分。明确考核标准，也就给员工提出了具体要求和做法。具体的考核标准内容，我们放在下一章"明确绩效考核标准"中进行详细讲解。

五、确定考核周期

考核周期分为短期考核、长期考核、专项考核。短期考核通常为月考核，长期考核一般为年度考核。专项考核是针对某一个项目进行的考核，比如考核干部，考核时间通常较长。如某企业采取月考核、半年考核、年度考核三种，考核结果出炉之后，会开展绩效总结大会，对管理周期的合理性进行评价。

六、考核结果应用

考核结果能够为企业人力资源管理提供各种依据，比如工资发放、奖金奖励、岗位人员调整、升职晋级等。另外，还应该制定监督与申诉机制，让整个绩效考核系统更加完善、公平、有效。

绩效考核系统就是为企业的各种管理搭建了一个综合性管理平台，实现企业一站式管理。因此，企业管理者应该打造特色绩效管理系统，提升企业管理能效，带动企业快速发展。

》明确绩效考核标准

标准是什么？标准就是一种目标、一种标靶。或者说，它具有一定的规矩、规则的特性。前文简单介绍了制定绩效管理系统时需要明确绩效考核标准，也就说明标准对于绩效管理是非常重要、不可或缺的。毛泽东曾在《实践论》中说："真理的标准只能是社会的实践。"因此也就有了"实践出真知"这句话。绩效考核的标准不是凭空产生的，而是人类通过几十年的努力总结出来的。互联网时代，人们根据时代特点、企业变化情况，对标准进行了重新修订，从而形成当下企业绩效考核标准。

对于企业而言，标准有生产标准、技能标准、工作标准、方法标准、安全标准、产品质量标准等，针对绩效管理，还有相对应的绩效管理标准。绩效考核的主要内容有责任心、工作态度、工作质量、工作效率、团队协作、工作意识等方面，与之对应的就是考核的标准。比如，有一家生产企业制定了关于生产的三项考核标准，即生产标准、质量标准、安全标准。该企业的负责人认为："生产标准是企业发展的关键，也是确保产品质量的基础；质量标准能够体现产品生产的严谨性和科学性，企业想要立足市场，就需要提供高标准、高质量的产品；安全标准似乎更加'重要'，安全责任事故会给企业带来毁灭性打击，确保安全生产才能够确保企业发展。"

一、针对责任心的考核标准

一般来说，责任心很难用标准来衡量。但是有人说：责任心是企业之魂魄，标准是企业发展之本。没有责任心，就无法保证工作完成的质量。没有标准，也就没有制度和方法。因此，人们将责任心与标准结合起来，以此来实现企业发展目标。责任心有什么标准呢？做事谨慎、讲原则、工作积极、遇事不慌、待人诚恳、富有敬业精神。对责任心进行分解，逐一比对，也就有了"责任心"的衡量、考核标准。

二、针对工作态度的考核标准

工作态度是一个非常抽象的概念,只有对工作态度进行拆解,才能找出考核标准。比如,工作态度有这样几种表现:对工作的认知、对工作事物及相关人员的评价、对具体工作的感受及表现出来的行为。考核标准,也是根据这三个方面来制定的。

三、针对工作质量的考核标准

工作质量是一个"矢量","矢量"就有参考标准和考核标准。工作质量通常是按照工作标准在单位时间内完成的劳动量、产品合格率等来衡量的。因此,劳动量和产品合格率就是考核标准。

四、针对工作效率的考核标准

单位时间内能够完成绩效目标的,就是正常的工作效率。没有完成绩效目标,说明工作效率低;超额完成绩效目标,说明工作效率高。根据这样的标准,企业管理者就能够找到影响员工工作效率的因素。

五、针对团队协作的考核标准

企业需要具备团队意识的人,而不是游离组织之外单打独斗的人。有些企业将团队协作分解为六个方面:团队之间的相互信任与彼此尊重;有团队意识,不搞个人主义;善于沟通,能够有效进行配合;能够关心、爱护他人;善于分享;舍小家、为大家的"奉献精神"。对团队协作的认识越深刻,制定的考核标准也就越有效。

六、针对工作意识的考核标准

俗话说,有意识与无意识所产生的行为截然不同。工作意识都包括哪些方面呢?有规则意识、标准意识、底线意识、合作意识、判断意识、反应意识等,每一个岗位对不同工作意识有不同"偏好",对于工作意识的考核还应该结合岗位进行标准的制定。

考核标准就是游戏规则。就像奥运选拔赛,符合奥运选拔标准的选手才能参加奥运会,不符合标准的只能加强自我训练,才能达到相关标准。

绩效考核方法及其选择

选择科学合理的方法,是解决问题的关键。比如,许多企业采取精细化管理方法解决企业管理难题;还有一些企业借助"7S"现场管理法把办公现场打理得井井有条。选择适宜的绩效考核方法,才能解决企业绩效考核的难题。绩效考核方法有很多,选出一个最好的方法却并不容易。因此,管理者或者 HR 相关人员要了解并掌握这些绩效考核方法的使用方式,才能将其运用到绩效管理中。以下介绍一些常见的绩效考核法。

一、评级量表法

这种方法就是将绩效考核的元素、目标、完成度、打分等项目制出一个评级量表,然后根据员工的实际工作表现进行打分和评价。这种方法简单直接,考评结果一目了然。如今许多企业都在采用这种方法进行绩效考核工作。

二、等级择一法

这种方法与评级量表法相似,是在规范标准的基础之上进行考评。与评级量表法不同的是,这种方法是对某一项评判等级进行测评。这种方法简单直接,但是不能为企业提供详细的数据参考。

三、普洛夫斯特法

这种方法是由美国人普洛夫斯特提出来的,是一种有近百年历史的经典评价方法。我们还可以将这种方法称为"行为对照表法"。考核者通过 HR 管理部门提供的员工行为对照表，进行逐项对照评判，并在相应的选项上打钩儿，然后根据结果评定考核等级。这种方法设计难度要高于评级量表法和等级择一法。

四、混合标准量表法

混合标准量表法也被称为混合标准尺度法，这种方法也是一种较为复杂的考核方法。第一步，需要确定考评的纬度，比如质量、数量、效率、成本等；第二步，要对每一个纬度做出陈述性的表达——好与坏、优与劣等；第三步，要对每一个纬度的权度进行调整，有的纬度更加重要一点，有的纬度相对不那么重要；第四步，打乱顺序，进行"评级"，然后得出评级结果。这种方法能够找出"没有逻辑"的考核者。

五、个体排队法

个体排队法就是把员工既往的业绩、表现等，按照从好到坏的顺序进行排列。这种方法非常简单，但是带有一定的主观色彩。

六、配对比较法

这种方法也是企业常用的绩效考核法之一。简而言之，就是将同岗位、同纬度的两个人进行好坏大比拼，表现优秀是"+"，表现较差是"–"。对比结束后，再将优秀者与较差者进行分配，按照名次逐一排序。

七、人物比较法

这种方法就是选出一个优秀典型，然后用他身上的"标准"去衡量其他被考核者。

八、关键事件法

这种方法是通过观察被考核者在一些关键事件中的表现进行评价等级的一种

方法，但是需要管理者和相关人员对所有被考核者进行长期观察、整理，才能合理使用这种方法。

九、360度绩效考核法

这种方法也是较为常用且比较全面的一种方法。通常来讲，上级直接对下级进行相关考核，并且结合其他相关部门、客户、下级、同事对他的评价，综合得出考核评价。

考核方法还有很多种，比如目标管理法、关键绩效考核法、等级评估法等。如何从众多方法中选择最适合的呢？管理者可以根据企业发展的不同阶段，选择有不同作用的、侧重点不同的方法。比如，企业发展初期，企业的发展速度较快，以落实目标、夯实责任为导向的考核方法是首选；企业发展中期，企业拥有一定的规模，管理运作比较成熟，选择关键绩效考核法或者关键事件法等能够对企业精细化管理带来一定的帮助；企业发展改革期，管理者也要更新考核理念，可以选择一些更加倾向于创新意识的绩效考核方法。

方法没有好坏，只有适合与否。企业管理者或HR管理部门选择考核方法时一定要结合企业的发展现状，以目标为核心，以结果为导向，将绩效管理与人力资源管理相结合，才能找到适合企业发展的绩效考核方法。

▶ 完善绩效考核程序

绩效考核是一个流程，或者说是一个程序，管理者通过这个程序可以了解既定期限内员工对企业的贡献值。绩效考核过程必须是公开、公正、客观的，还是多维度、全方位的。因此，绩效考核必须严格按照既定程序进行，绩效评价结果才能准确有效。比如，有一家企业，该企业虽然开展绩效管理活动，但是并没有按照"相关程序"进行考核，而是采取一种"人考"的方式。众所周知，"人考"存在一定的主观因素，且考核效率低，存在不同的问题。这家企业在考核过程中同样遇到了类似问题，迟迟无法落实结果。因此，企业管理者需要落实并完善绩效考核程序，才能够解决相关问题。

绩效考核程序就像一套计算机程序，由制订计划、具体实施、考核结果三部分组成。

一、制订计划

做任何事情，都需要制订一个计划。绩效考核也不例外，也需要制订一个绩效考核计划。通常来说，绩效考核的计划目标就是企业的经营目标。以这个目标为核心，管理者还要做好五件事。

1. 回顾往期目标

中国人常用"继往开来"四个字来形容这种回顾与展望的关系。或者说，这也是历史留给我们的财富。回顾过往，更多是为了总结经验教训，找到对当下考核有价值的信息。

2. 确定增值产出

言下之意，只有明确企业的增值与产出的方向和形式，才能够进行考核。例如，某公司主要增值部分是产品销售获利，与产品相关的生产研发、原料采购、产品销售、财务管理等各个部门都与产品增值有直接或间接关系。

3. 建立绩效指标

前面我们对考核标准的制定已经进行了详细介绍。建立绩效指标，就是借助方法确定考核人、考核标准，明确被考核人的业绩衡量指标。

4. 确定绩效标准

标准就是规矩，确定绩效标准就是确定游戏规则和评判标准。有了明确的标准，才能进行绩效考核的比对、打分等工作。

5. 绩效计划面谈

简言之，就是考核人约谈被考核人，通过面谈等方式下达绩效考核任务和命令，让被考核人有思想、行动上的准备。

完成以上 5 个步骤，才能够制订出考核计划。

二、具体实施

俗话说，万事俱备，只欠东风。计划制订完毕，就到了实施阶段。在这个阶段，被考核者按照考核者下达的命令，依照工作标准实施。在这个过程中，考核者也要起到指导、监督的作用。举个例子：某企业在绩效执行过程中，管理者发现员工出现了任务执行不畅的情况，于是与员工进行紧急沟通、查找问题根源。经过查找分析，管理者发现任务执行不畅是外部市场变化造成的。因此，管理者给予员工指导意见并进行相关授权，从而提高了任务执行效率。另外，如果遇到重大变化，管理者还要对绩效考核任务进行变更或者叫停，重新制订新的考核计划进行二次考核。

三、考核结果

就像种下一棵树，经过浇水、施肥等各项工作，也就到了开花结果的阶段。在这个阶段，管理者依旧有两项重要工作要做。

1. 绩效评定

到了考评总结阶段，考核人要借助考核方法进行打分、评判，然后填写绩效考核表。考核结果作为一种重要的管理依据，要进行备案、保存，再对被考核人的考核名次进行排列分类：成绩优秀者为一组、成绩一般者为一组、成绩较差者为一组。

2. 绩效审定

绩效审定也是二次审核、评估过程。审定过程，需要引入监督机制，确保二审过程的公平公正，并消除初次绩效评定过程中所产生的争议。审定结果为最终结果，并将审定结果进行再次备案。

绩效考核程序是整个绩效考核体系的重中之重！企业管理者不仅要建立、完善一套绩效考核程序，更要结合绩效考核制度对整个考核过程进行规范、监督，排除一切人为干扰因素。

▶ 绩效考核面谈的原则和方法

现实中,许多企业工作都需要通过面谈的沟通方式进行。如某企业进行技术升级,企业管理者与项目负责人进行沟通,将公司的总体想法和思路传达给项目负责人,项目负责人再将任务进行分解。这样做的目的就是明确责任、准确传达任务,让上下级思想达成一致。绩效面谈的作用大体相仿,通过沟通找出员工工作的不足,然后提出改进意见,辅助员工完成绩效指标。另外,绩效面谈有助于管理者了解绩效进行的进度,对整个绩效管理进行全面把握。比如,南方有一家公司每一周召开绩效面谈会,通过面谈了解绩效工作的进展,并调整相关部署。该公司的一名负责人认为:"管理的核心是沟通,绩效考核的核心还是沟通。"

绩效面谈分为三个阶段:初期计划面谈、中期指导面谈、末期考评面谈。

绩效面谈也有自己的原则,就像沟通有沟通原则!通常而言,绩效面谈有十项原则。

原则一,信任。建立信任关系是绩效面谈的首要任务。只有在信任的基础上才能展开沟通、交流、交换、传达、布置等工作。

原则二,目标。没有目标的沟通与谈话,只能称为"闲聊"。很显然,绩效面谈是围绕着绩效管理工作进行的,有明确的目标和导向。

原则三,鼓励。管理者作为绩效管理工作的制定者,在整个面谈过程中,应该鼓励员工发表意见和看法。只有了解员工的想法和需求,才能让绩效管理工作进行得更加顺畅。

原则四,倾听。好的倾听胜过好的诉说。通过倾听,了解绩效管理的发展阶段以及员工在绩效管理考核中所处的地位。另外,倾听是一种对员工的尊重,也是一种沟通表达武器。

原则五，避免冲突。就像沟通那样，要尽量寻求思想、心灵、意见、价值观等方面的一致。

原则六，以绩效为中心。许多企业的绩效管理考核过程容易"跑偏"，让个人意识、想法、爱恨等代替绩效评估。有效的绩效沟通、面谈要建立在以绩效为中心的基础上，而不是建立在个人情绪、情感基础上。

原则七，优点、缺点并重。绩效考核过程就是一个纠错的过程。管理者通过绩效面谈与员工进行沟通，表扬优点、改正缺点，是整个绩效考核过程的重心。

原则八，注重未来。我们常常用"继往开来"来表达对未来的看法和期望。绩效考核的目的也是为了继往开来，让企业得到持续性发展。因此，管理者进行面谈的根本目的也是为了企业未来。

原则九，停止与启动。绩效管理是一个流程，有开始，有结尾，也有"中场休息"。管理者是绩效管理过程的裁判，要控制好绩效管理的节奏。节奏控制好了，才能把绩效管理工作做好。

原则十，以积极状态结束面谈。中国人有句俗话，好聚好散，就是给彼此留下退路和好的印象，为了今后"再续前缘"。给员工留下积极的印象，能够鼓励员工进步改进、改善自己的工作，更加适应绩效考核。

掌握了绩效考核的十项原则，管理者还要结合适当的方式、方法去处理面谈过程中出现的问题。那么，我们应该选择什么样的处理方法呢？以下两种方法是现代企业常用的。

方法一，BEST法。这种方法通过 Behavior description（描述行为）、Express consequence（表达结果）、Solicit input（征求意见）、Talk about positive outcomes（着眼未来）四个步骤去沟通、引导，该方法也是当前最为流行的处理方法。

方法二，汉堡法则。这种方法就是我们常说的"胡萝卜＋大棒"法则。在现代管理中，"胡萝卜＋大棒"早已经过时，但是"恩威并重"的方法值得在沟通面议中使用。

坚持绩效面谈的原则，采取科学合理的面谈方法，是做好绩效管理工作的关键。我们常说，事在人为，这个词很值得管理者去思考。提高绩效不是一蹴而就的，需要管理者不断提高自己的综合管理水平才能实现。

≫ 绩效考核的八大注意事项

有人把绩效考核当成企业管理中最重要的部分，考核的绩效部分就是企业的绩效。因此，有这样一种管理理念：让"绩效考核"考出绩效。还有人说，绩效考核只适用于劳动密集型企业。事实上，许多高科技公司也在利用绩效考核实现企业管理目标。

绩效考核是一种管理武器，它能够帮助管理者优化人力资源管理任务，实现企业发展目标。但是，绩效考核是一种杀伤性管理武器，管理者在使用过程中要考虑其科学使用方法、注意事项等。有一家企业，虽然采取了绩效管理，却是为了"考核"而考核，过于看重绩效结果而忽略了绩效考核过程，折腾了半天，企业的绩效并没有得到提高。另外，还有一些企业进行KPI考核，而KPI失效已经成为常态。俗话说，用得好不如用得巧，使用绩效考核时要注意八大事项。

一、不要把"考核"复杂化

有些管理者认为，"考核"是一个复杂的过程，评价、总结也是非常困难的。他们把"考核"复杂化，对待"考核"采取一种"否定—肯定—否定"的方式。到头来，甚至推翻了自己。事实上，绩效考核是简单而直接的。如果按照考核方法进行考核，结果也是准确靠谱的。人为复杂化只会让考核掺杂过多的人为因素。

二、不要故意造假打分

故意造假打分有两种形式：一种是故意打高分，借助高分鼓励员工进一步认真工作；另一种是故意打低分，借助低分进行教育督促。这两种方式都是不可取的。绩效管理打分一定要客观公正。绩效考核的分数能够反映出两个重要问题：员工绩效和企业管理。因此，管理者要正确、严肃地对待打分工作。

三、把"绩效成绩"归因于个人

许多管理者都容易犯这样的毛病，认为绩效成绩差是个人能力、态度等原因造成的，与企业管理无关。其实影响"绩效成绩"的因素有很多，有个人因素，也有管理因素，还有市场因素等。管理者要对"绩效成绩"进行全面考核，才能找到影响绩效的因素。

四、批评过于宽松或者过于严厉

管理者的管理风格完全与其性格相关。有些管理者看到"坏结果"，暴风骤雨般一顿批评；有些管理者看到"坏结果"，则不动声色，完全装作一副无所谓的样子。偏向于两种极端的做法，都是一种不正确的管理态度。因此，管理者在做评价时，要克服自己的人性弱点，客观、公正、科学地去进行绩效评价，让员工得到正确的评价。

五、"一碗水端平"的做法

还有一些管理者有一种"大爱"思想，他们认为结果是一方面，评价是另一方面。为了让大家没有分别、不闹意见，便展示自己的"大爱"，采取"一碗水端平"的处理方式：分高分低都一样，大家都是亲兄弟。最后留下管理隐患，属于一种掩耳盗铃的行为。

六、戴着"有色眼镜"的评判

还有一些管理者完全是戴着"有色眼镜"来进行评判的。比如，有位企业领导对待自己的"嫡系"部队，便给予高出常规的评价；对待非"嫡系"部队，则故意打低分。如果戴着"有色眼镜"去打分，不仅有失公平，而且会让绩效考核体系失效。因此，管理者要做到客观公正，消除偏见。

七、评价意见"暧昧"

有些管理者很"善良"，担心伤了员工的自尊心，便采取一种"暧昧"的评价方式。这种"评价"会给员工一种假象：成绩好坏都一样。管理者想要让"绩效"生效，必须给出客观、中肯的评价意见，给员工一种压力和动力。只有这样，才能体现绩效考核的价值。

八、填写考核表过于草率

有些主考官可能因为"懒惰"，绩效评价总是言简意赅，用"优秀、一般、差"来评判。事实上，填写考评表之前，不仅要提前与员工做好思想沟通工作，还要认真、全面、客观地填写考评表，给员工最真实的意见。比如，有一家企业公司设计了专门的考评表格，考评表格涵盖了许多项目，仅意见栏就包括部门评价、分公司评价、总公司评价三项。认真填写考评表，是对员工工作的一种认可与尊重。

除了以上八个注意事项，还要注意考评过程中的"光环效应"和"对比效应"，建立一种"评价—被评价"的互动关系。做好绩效考核打分、评价工作，才能起到管理、总结的作用，让整个绩效考核完美收尾。

第九章
实现共赢：正确处理双方关系

》 互联网时代下的劳动关系

从古至今，劳动关系经历了很大的变化。奴隶社会的劳动关系，是奴隶主与奴隶之间的关系。这种关系是血淋淋、赤裸裸的关系。奴隶主一手遮天，奴隶昏天暗地。换句话说，奴隶主根本没有把奴隶当成人，而是把他们当成一件私人物品。资本主义社会的劳动关系，是资本家与劳工的关系。资本家压榨、剥削工人的剩余价值，甚至把员工当成一种生产工具，这种劳动关系我们称为"剥削—被剥削"的关系。随着社会进步，企业管理者与员工之间的关系也在不停地发生变化，从一种上下级关系过渡到简单的雇佣关系。互联网时代，这种雇佣关系似乎变得更加微妙、有趣。这种雇佣关系开始朝着合作关系转变。

广东有一家外贸代工厂，这种工厂有一个特点：密集、重复性高。所谓"密集"，是指生产加工需要大量劳动者；所谓"重复性高"，是指技术简单、依靠员工的经验和技能熟练程度。这样一家公司，老板与员工属于一种典型的"雇佣—被雇佣"的关系。

企业老板却认为："我从未把我的员工当作员工，而是把他们当作家人！"

正因为如此，这位老板推行一种"厂长"管理。所谓"厂长"，就是每个人轮流行使一天厂长的职责。通过这种办法，这位老板不仅培养了后备人才，还充分调动了员工的积极性，为企业创造了财富。

互联网时代的人力资源管理，能够呈现出互联网时代的特征：跨界、创新、重塑、连接、生态、以人为本。因此，互联网时代的劳动关系也会有这些方面的转变。

一、跨界

传统的劳动关系，就是一岗一人。只要岗位不变，人也是"死"的。互联网时代，呈现"一人多岗"的形态。企业把员工当成"万金油"，帮助其实现更大的价值。事实上，跨界不仅是互联网的特点，也是未来企业用人的特点。一个人在一个岗位上要能从事不同角色的工作，而这种"跨界"是未来劳动关系的发展趋势。

二、创新

从人力工具到人才，前后经历了几千年。这种变化，也呈现出一种改革与创新的态势。随着文明程度的延伸，企业与员工的关系仍旧会继续创新发展。这种动态的关系，同样能够体现社会文化价值的发展规律。

三、重塑

所谓"重塑"，更多的是强调社会结构的重塑。但是这种结构也打破了固有的"企业—员工"关系，让这种关系变得更加微妙。许多企业把员工当成"中坚力量"和"拥有话语权的人"，由此可见，员工不单单是企业的配角，而是逐渐成为企业的主角。

四、连接

"连接"这个词，能够让人联想到连接上网。在人力资源管理中，我们可以用"连接价值"来形容这种状态。员工是企业创造价值的力量,能够推动企业的发展。因此,员工也就是联结企业财富和命运的人。有一位企业管理者说:"员工是财富的创造者,是企业的直接'负责人'。管理者的角色已经从'管理'向'辅助管理'转变,为员工提供'管理服务'。"

五、生态

如今有一个理念,就是把企业当成孵化工厂,把岗位当成一个个孵化器。孵化工厂孵化出人才,人才作用于企业,形成一种"生态循环"。借助这种循环,人才还可以培养人才,就像鸡生蛋、蛋生鸡,像一个"养鸡场"那样不断产出、不断涌现优秀员工。甚至,我们还可以把这种人才孵化基地当成价值孵化基地。

六、以人为本

"以人为本"四个字是出现率极高的词汇,这也说明互联网时代应该走"以人为本"的人力资源管理之路。以人为本最大的特点就是肯定人的价值,尊重人的地位,让人实现自己的理想。聪明的企业老板会把员工当成财富,员工在企业中实现了自身价值,同样也会为企业创造价值。

互联网时代的劳动关系依旧处于变化的状态,但是变化的方向趋向于"人"。坚持科学的人力资源管理,才是坚持正确的管人、用人观。

▶ 明确员工的权利与义务

古代有一个县官,他特别喜欢权力,喜欢大权独揽,甚至连惩罚罪犯、打板子的事都一手包揽。有一年,一个小偷因盗窃村民家的牛被捉,押至县衙审讯。审讯完毕,这个小偷按照当地律令要挨二十大板。县官担心衙役不忍心惩罚小偷,便亲自拿起刑具对小偷进行惩罚。小偷被投进大牢后,人们开始议论纷纷。几个衙役也觉得自己"无能",完全成了摆设。

大权独揽让这个县官得到一个外号——官迷。他常常说：县衙就他一人说了算，其他人都没有审判权和动用刑具的权力。这句话让其他人内心更加不爽，于是衙役们开始偷懒，即使看到犯罪也视若无睹。久而久之，这个县城犯罪案件频发，到了控制不了的地步。为了保住自己的官位，这个县官不得不重新授权给衙役。

现实中，许多企业干部都会犯这样的毛病！他们认为，员工只是干活的，喝之即来、挥之即去，如果授权给员工，恐怕会天下大乱。事实上，倘若没有对各个环节赋予相关的权利，企业也就无法运转。那种大权独揽的行为，表面看似聪明，实则是一种愚蠢行为。互联网时代的人力资源管理，更应该明确员工的权利和义务，只有这样才能让企业良性运转。

一、员工的权利

员工在一个企业内工作，必须享有一定的权利，这样的权利是社会赋予的，也是法治社会下，每一个人所必须拥有的权利，这样的权利，企业必须给予认可和尊重。

1. 平等获利权

员工付出劳动，就应该得到自己的薪水。如果一名企业管理者私扣员工的薪水，不仅会打击员工的工作积极性，而且违反了劳动法。

2. 休息、休假权

休息、休假也是劳动法中规定的内容。大多数企业能够按照国家规定执行，即让员工每天工作八小时，每周工作五天。但有一些企业并不能严格按照国家规定执行，如采取非常"6+1"工作模式；还有一些企业完全没有休假。休假是员工的基本权利，企业管理者无权剥夺。

3. 享受安全权

安全需求是一个人最基本的需求，企业管理者要为员工提供最基本的安全保障。许多企业老板为了利润,不惜让员工冒着生命危险去工作。这种做法不仅不道德,而且违法。

4. 享受社保权

为员工参保,算不上什么"高大上"的新闻。事实上,管理者必须为企业员工缴纳社保、医疗保险。社保是一种基础保障,是员工享有的基础权利。如果企业老板为了"省钱"而拒绝为员工缴纳社保,其所造成的管理问题就会有很多。

除此以外,员工还享有相应的岗位工作权限、劳动仲裁权等。但是享有权利的同时,也被规定了相关义务。

二、员工的义务

通常来讲,一个人在拥有相关权利的同时,也要履行相关的义务,义务关系是企业与员工共同约定的,或者以"制度"的形式进行约定。

1. 遵守职业道德

没有德,一切都等于零。许多企业的选人观也是德为先、才在后。因此,遵守职业道德也是员工需要履行的基本义务。遵纪守法、履行责任,是一个人的基本价值体现。

2. 遵守劳动纪律

俗话说,吃别人的嘴短。拿别人的工资,就要按照别人的吩咐办事,至少,应该遵守劳动纪律。这一点与遵守职业道德相同,是做人之根本。

3. 遵守相关制度

制度是一种规范!按照企业制度办事,才能完成企业交给自己的任务。制度也是企业之根本,遵守制度也是守护企业的利益。只要企业的相关制度是合情合理合法的,就应该无条件遵守。

4. 履行劳动义务

如果与企业签订劳动协议,员工就应该按照相关约定事项完成自己的任务。如果因个人原因无法完成,就是一种违约行为。因此,企业也有权力根据规定与员工解除劳动关系。

另外，员工还有提升个人能力、接受企业培训的义务。

明确权利和义务，如同与员工签了一个"君子协议"。或者说，明确权利与履行义务是人力资源管理的重要组成部分。有位企业家说："让员工知道自己该做什么、不该做什么、能够怎么做、不能够怎么做是非常重要的一件事。"

▶ 确立劳动关系、签订劳动合同

什么是人力资源管理头等问题呢？不同人有着不同的看法。但是，有一个问题总是排在前面，即"如何保障企业和员工合法权益"的问题。劳动关系是一种"利益关系"，这种关系是动态的，因此需要一种科学、合法、稳定的"媒介"提供辅助。有一个年轻人，他去了某家公司实习，过了实习期，这家公司并没有与他签订劳动合同，而是继续提供"实习工资"。后来，这个年轻人因工作受伤，而该公司并没有进行相关赔付。这个年轻人将该公司告上法庭，后来裁定双方存在一种既定的劳动关系，并强制被告公司对年轻人进行相关赔偿和补偿。

劳动关系的主体是劳动，劳动者通过劳动为企业创造价值，企业为这种价值提供相应的报酬。劳动关系本质上还是一种雇佣关系或从属关系，这种关系有权利和义务的约定。如果员工与企业确定了这种关系，权利与义务也就正式生效了。那么，如何才能确定劳动关系呢？通常来讲，确定劳动关系的方式有以下几种：

（1）劳动者主动接受企业的管理、调配、任命、指挥、监督等；

（2）企业对劳动者支付工资；

（3）劳动者被纳入企业人力资源管理，有着明确的岗位与分工，参与企业的集体工作；

（4）劳动工具、原料等由企业提供；

（5）劳动者在企业制定的区域内工作，遵守企业制定的各种制度、纪律，按照企业制定的标准进行工作；

（6）劳动者的工作具有长期稳定的特点，而不是临时安排的；

（7）有劳动合同或企业编制。

互联网时代，签订劳动合同，确定劳动关系才是顺应时代潮流的做法。那么，企业人力资源管理部门如何与员工签订劳动合同呢？

劳动合同是企业与员工就劳动关系达成共识的一种书面协议，这种协议具有法律效力。通常来讲，劳动合同规定合同期限、工作内容、劳动条件、劳动报酬、劳动纪律、社会保险、违反合同的相关事项、合同解约条件等内容。签订劳动合同还应该坚持平等自愿、合理合法、协商一致的原则。一个企业想要走"正规军"路线，就需要给员工一个保障，与员工签订劳动合同。劳动合同如同"结婚证书"，能够合法保护双方的利益。企业与劳动者签订劳动合同分为以下三步。

第一步：要约。

要约也就是一种承诺。一方当事人希望确定劳动关系而向另一方当事人提出签约的条件。如某企业招聘工程师，向这位工程师承诺年薪20万元、待遇优厚，与此同时需要工程师有良好的身体、对待企业的责任心等。要约要以缔结合同为目的，要约内容必须清楚、明确。有些企业选择口头要约，很显然这种要约方式无法实现缔结合同的目的。选择书面要约才是一种科学、合理的方式。

第二步：协商。

除了彼此间的承诺之外，劳动关系在确认之前，还需要企业与员工针对相关权利、义务进行协商。协商的目的是消除双方隔阂，进一步确认劳动关系。只有协商一致，企业才能与员工签订劳动合同。协商必须体现劳动关系平等自愿、协商一致的原则。如果协商不一致，也就无法签订劳动合同。

第三步：签约。

如果双方协商一致，企业需要出具合理、合法、公平的劳动合同。劳动合同一式两份，双方各执一份。劳动者签订劳动合同之后，劳动合同即刻生效。也就是说，签完劳动合同，企业与员工之间的劳动关系就完全建立起来。如果劳动合同需要变更，也要双方进行协商。协商一致后，对劳动合同进行修改或者补充，抑或重新签订劳动合同。

确认劳动关系是企业人力资源管理的第一步。俗话说，千里之行始于足下。确认劳动关系，签订劳动合同，才能做好后面的工作。

▶ 劳资纠纷的谈判方式和劳动关系改善方法

所谓"劳资"，是劳动者和资产所有者的合称。劳资关系，就是员工与企业之间的关系。劳资关系是否良好，对企业建设和发展有直接影响。

有一家煤矿企业，是当地的纳税大户。这家煤矿企业有职工2000多人，年产煤炭100多万吨。煤炭市场形势下滑，这家煤矿企业的效益也随之下滑。到了后来，这家企业无法按时、按量发放全额工资。企业劳资部门采取了一个办法：特殊时期每个月发放80%的基本工资，等市场回暖、企业好转时，再补发剩余的20%工资。

起初，许多员工能够接受企业劳资部门的建议。但是随着时间的延长，企业效益迟迟不见好转，甚至连80%的基本工资也无法按时发放。许多企业员工因生活、子女教育、供房等压力集体上访，与企业相关部门交涉。但是多次交涉未果。后来，员工自发组织罢工，致使该煤矿企业生产中断，并造成了严重损失。这家企业为了缓解劳资问题，通过渠道从社会筹集资金，终于发出亏欠工资。劳资问题虽然得到了解决，但是企业人才流失严重。许多员工讲："即使出去打工，也不想再在这样的企业多工作一天。"

从事例中可以看出，劳资纠纷是影响企业管理的重要事件。如果劳资纠纷迟迟得不到妥善解决，就会造成严重的企业问题和社会问题。革命先行者孙中山曾言："人类社会之所以进化，是由于大多数人的利益相调和，而不是有冲突。"因此，企业管理者及相关部门应该想方设法处理好劳资关系。企业常见的劳资纠纷处理方案有以下几种。

一、提前介入

有人说，等到劳资纠纷彻底爆发再介入已经"回天无力"。当劳资关系紧张或者出现矛盾的时候，管理者及人力资源部门应该提前介入，找到劳资纠纷的"点"进行提前干预。如某企业因工资发放问题引起劳资纠纷，该企业负责人与员工代表进行深入沟通，找到了折中解决办法，化解了劳资纠纷。还有企业车间工作条件恶劣引发劳资矛盾，企业负责人通过优化车间环境或给员工提高补助等方式化解矛盾。只要能够提前介入，了解员工的心理动态和相关需求，就能够找到解决问题的突破口。

二、劳资谈判

如果能提前介入劳资纠纷，往往有较大的回旋余地，管理者完全可以采取"谈判"的方式寻求利益共同点。如采取询问法，了解员工的需求；或者采取倾听法，了解员工的诉求。只有找到员工的诉求和需求，才能够对症下药。另外，谈判过程中要始终站在员工立场上思考问题，晓之以理、动之以情，用理说服对方，用情打动对方。如果员工有松动迹象，就要迅速做出承诺。如果谈判进入僵持阶段，管理者就要做好下一步准备——诉讼谈判。

三、诉讼谈判

如果劳资纠纷陷入僵局或者进一步恶化，对企业生产经营造成影响，企业方就需要进行诉讼谈判，如借助劳资法庭进行。如今，借助法律解决劳资纠纷的成功案例很多。如果迟迟寻求不到好的解决方式，管理者或劳资部门要收集、罗列相关证据并制定相关策略，用一种友好的方式邀请纠纷另一方进行谈判。

和谐的劳资关系是企业发展之根本。许多管理者为了争取个人的利益不惜损害员工的利益，这样的做法是损害劳资关系的做法。如果企业遇到了问题，管理者需要与员工协商沟通，想出一套"权宜之计"。因此，管理者和人力资源部门要借助人性化的管理手段，坚持"以人为本""和谐为本"，才能从源头上预防劳资纠纷。

有一位企业家谈及劳动关系管理原则，用"合法""合理""合情"三个词来形容。所谓"合法"，就是制定的方法策略符合劳动法的相关规定，不符合规定即违法；所谓"合理"，就是要符合企业发展观，符合规律；所谓"合情"，就是营造人情味浓厚的管理环境。

改善劳动关系，就是改善人力资源管理环境。改善劳动关系，并不仅是为了预防"劳资纠纷"，而是要营造和谐的企业环境和工作氛围。有些企业不能坚持"以人为本"的发展战略，管理中心倾向于产品，时间久了才发现产品质量并未得到提升。而那些能够坚持"以人为本"的发展战略的公司，通过改善劳动关系，提高员工的责任心和工作积极性，反倒提升了产品质量。因此，企业管理者要找到相关途径，改善劳动关系。

一、强化法律意识

互联网时代更是一个以法律为准绳的时代，如果企业管理者不懂法、不学法、不能够按照法律规定去处理劳动关系问题，就会出事。强化法律意识，依法管理，才能规范管理行为。另外，强化法律意识才能建立健全企业规章制度体系，借助体系完善管理。因此，企业管理者应该加强对法律法规的认识和学习，尤其是对劳动法的重新认识，借助劳动法解决企业存在的问题。

二、发挥人力资源管理部门的作用

人力资源管理，是一个涉及选才、用才、留才的360度全方位的管理。满足员工需求，为员工制定人生愿景，给员工提供安全、舒适的工作环境，尊重员工，为员工打造学习与晋升的平台，发挥沟通作用。俗话说，沟通是通往心灵的桥梁。在现代管理中，沟通还是企业管理的灵魂。借助沟通工具，了解员工的内心，对员工进行正确引导。事实上，许多拥有完善"沟通管理机制"的企业，在劳动关系处理等工作方面都能落实到位。

三、让员工需求与企业需求达成一致

劳企关系和谐的基础，就是企业与员工在多方利益方面达成共识。举个例子：某员工不满足企业给予的薪水、待遇，要求企业开出符合自己心理需求的价码。这个企业经过详细分析后得出结论：该员工提薪的要求不合理。双方需求不能达成共识，只能以分道扬镳的结局收场。作为企业一方，管理者在尊重双方签订的劳动合同的基础上，可以对相关问题与员工进行沟通、谈判。如果双方能够达成一致，就不会产生劳资矛盾。

四、加强员工道德建设

有一些企业只重视生产经营，忽略了道德建设。习近平总书记说过一句话："道德之于个人、之于社会，都具有基础性意义，做人做事第一位的是崇德修身。我们的用人标准为什么是德才兼备、以德为先，因为德是首要、是方向，一个人只有明大德、守公德、严私德，其才方能用得其所。"加强道德建设，严把选人关、用人关，确保企业选择的人才都具有较高的道德标准。只有这样，才能从根本上解决劳资矛盾问题。

五、让员工参与企业管理

把员工当成企业的核心，就需要让员工参与到企业的民主管理环节。给员工话语权、投票权、参与权、监督权，让员工享受到自己应当享有的权利。员工得到尊重，内心得到满足，自然就能改善与企业的紧张关系。民主是一种管理武器。让员工参与企业管理，就是一种民主的体现。有位哲人认为："一切的一切都开始于相互尊重，人是有感情的动物，需要平等和民主与理解和信任。"赋予员工一定的企业管理权，就是一种尊重与民主的体现。

改善劳动关系的渠道还有很多，如发挥工会的力量，做好"改善劳动关系"的资源整合等。只有改善了劳动关系，才能为企业创造一个良好的管理环境。

互联网时代下的"心理契约"

有人说，合同虽然是白纸黑字，却没有温度，给人一种冷冰冰的感觉。一纸合同虽然让劳动关系有了一层合法关系，但是依旧存在许多"漏洞"。所谓"漏洞"，就是指合同不严谨会导致各种隐患，比如钻法律空子等。劳动合同有劳动合同的价值，心理契约有心理契约的价值。

什么是"心理契约"呢？这个概念是美国心理学家施恩提出来的，特指员工与企业之间的那种纸面之下、无形而隐匿的一种期望。这种"心理契约"属于一种"心灵"的合同，这种合同属于一种承诺，没有法律效应。换句话说，"心理契约"是靠彼此的诚信缔结的。

"心理契约"有四个特点：动态性、双向性、隐蔽性、主观性。动态性，说明"心理契约"随心理变化处于一个不停修正的过程；双向性，说明"心理契约"本就是双方缔结的承诺，是彼此间的"双向选择"；隐蔽性，说明"心理契约"完全是心灵上的授意和默许，无法用白纸黑字进行呈现；主观性，说明"心理契约"是一种主观认知。"心理契约"虽然不是合同，却胜似合同。比如，有一家企业，该企业与员工签订了劳动合同之后，企业管理者常常与员工保持联系，与员工一同对"福利""分红""文化设计"等相关项目进行研究，并缔结了一种"合同之外"的新合作关系。员工在这样的"新合同"中得到了额外的奖励，提升了个人的价值，企业也因此获得了利益。

那么，互联网时代下的"心理契约"有哪些特色呢？

一、关注焦点的变化

传统的"心理契约"主要改变员工心理，让员工更具有忠诚度、归属感，从而让员工长期、稳定地进行工作。互联网时代的"心理契约"完全不同，它能够体现互联网的"交易"特点。员工用自己的本领获利，企业同样借助员工的本领获利。这种彼此"借势"的获利，更具有"交易"特点。

二、契约形式更加灵活

互联网时代，就是一个灵活、自由、多变的时代。因此，互联网时代下的"心理契约"也更加灵活、没有结构，甚至是可以协商的。在这种自由、灵活的契约下，企业与员工的关系由雇佣关系转向合作关系。

三、双方利益一致

传统的"心理契约"，能够体现上下级关系，员工要遵从权威，管理者依旧是员工的雇主。互联网时代，这种"上下级"关系被彻底打破。企业管理者寻求企业的"增值部分"，员工寻求个人价值的体现。事实上，"增值部分"恰恰是员工的价值所在。缔结"心理契约"的目的，就是让"企业—员工"成为一种利益共同体。俗话说，企业赚得一钵金，员工分得一杯羹。

互联网时代的"心理契约"不仅极具特点，而且作用意义也非常大。通常来讲，"心理契约"有三个作用。

作用一，增加信任。

如果说劳动合同是一种安全保障，那"心理契约"完全是信任基础。"心理契约"缔结一种利益关系，但是这种关系需要彼此间的诚信。一旦一方失去诚信，"心理契约"也将不复存在。双方缔结"心理契约"，就是双方建立起互信关系的标志。

作用二，增强责任感。

责任感是信任的衍生物。为了彼此信守承诺，实现共同目标，"心理契约"更像是一个鞭策工具，不断督促双方努力。企业给员工提供良好的工作环境及相关服务保障，员工为企业目标和个人目标披荆斩棘、全力付出。另外，"心理契约"还有鼓励作用。

作用三，降低离职率。

如果劳动合同是用来降低离职率的话，缔结"心理契约"就是买了一份"双保险"。缔结"心理契约"后，员工从感觉到感知，从满意到情感承诺，逐渐升级为对企业的满足感和归属感。员工有了归属感，就不会轻易选择离职。

与员工缔结"心理契约"，如同与员工签订劳动合同一样重要。企业管理者或人力资源管理部门要注重员工的心理变化规律，顺应时代潮流，与员工建立起一种稳定的、目标一致的合作关系。

互联网时代下的人力资本共享

互联网时代是一个共享的时代，从共享资源、共享财富到共享信息，甚至各个城市间还有大量的共享设施。"共享"是未来发展的主题，共同分享人类智慧与成果，也是文明发展的一大进步。

互联网时代的人力资本也呈现出共享的态势，或者我们把它称为"人才共享"。这种人才共享有两种方式：一种是跨区域人才交流共享；另一种是跨维度人才辅助共享。比如，欧洲某国家采取了"人才互换战略"，不同的人才常常在国家的"某个区域"内进行流通。所谓流通，就是一名员工原本在A地点工作，然后根据相关需要去B地点工作，工作结束之后，该员工可以留在B地点，还可以返回到A地点，或者去往C地点。这种人才流动方式并非"跳槽式"流动，而是一种"调动"式的流动。

一、跨区域人才交流共享

跨区域的概念，很久之前就被提及了。简而言之，一个复合型人才可以在多个区域、多个岗位展示自己的才华和价值。区域间的环境是流通的，就像一个湖泊，只要你"游泳"水平足够高超，就可以在任何地点"上岸"。

某企业引进新型人才战略，希望通过一种更加自由灵活的用人机制找到科技尖子。这种人才战略是一种"承包"战略。把企业不擅长的板块"承包"给擅长的人或团队去打理，这样的专业团队往往是叱咤江湖的团队，如同蜜蜂找蜜一般。后来这个企业找到一支专业团队，彼此采用一种承包合作的方式。不久之后，这个企业就尝到了甜头。专业团队给他们带来了收益，提升了企业品牌实力。与此同时，专业团队也得到了丰厚的回报。

与这种外包团队不同，企业内部也可以进行人才交流。如今有一些企业，不限制岗位流动，每一个员工都可能出现在不同的岗位上。比如，有一个员工常常借调去其他部门"服务"。在"服务"过程中，这位员工也积累了更多工作经验。经历、阅历越丰富，能力往往越强。

跨岗位、跨部门、跨企业、跨地区之间的人才交流已经逐渐成为社会常态。因此，阿里影业前首席运营官邓康明认为："互联网时代，让人真正成为一个'大写的'人，优秀的人一定会有更多的选择。而作为企业，过去是侧重如何吸引人，现在则是如何留住人。"因此，管理者要转变人才思维，坚持走跨区域人才共享之路，既要学会吸引人才，又要学会留住人才。

二、跨维度人才辅助共享

跨维度的概念，也是现代人力资本管理的新概念。不同维度，能够呈现出不同的"生态"。举个例子："低敬业"维度下，员工自己为自己打工，集体责任感、团队意识也会逐渐降低；"高敬业"维度下，员工不仅为自己打工，还为企业打工，集体责任感和团队荣誉感方面都有很好的表现。

跨越维度的概念非常大，甚至可以用"天际"来形容。跨维度，可以由"低敬业"到"高敬业"；可以由"低能力"到"高能力"；可以由"低团队"到"高团队"；可以由"低情感"到"高情感"。如何实现从低维度到高维度的跨越，同样是非常值得企业管理者思考的问题。

如今，社会是包容的、多元化的。互联网的到来，让社会变得更加开放、自由、没有边界。一个自由、包容的环境,更容易让人才发挥自己的能量。如同一首歌的名字——《我心中的草原》,给人才一个"草原",他们才能够实现梦想。因此,企业管理者要试着解开员工的"镣铐",让员工也参与到跨区域、跨维度的交流中去。只有这样,才是符合人性、符合时代发展的管理思路。

第十章
情感沟通是人力管理之门的钥匙

▶ 互联网时代信息化沟通武器

原始社会，人类就开始尝试用沟通的方式达成一致观点，发起对自然界的改造。进入文明社会，人类更是通过沟通完成一系列的管理工作。甚至有人说："沟通是万能的，如同一把万能钥匙，可以开启许多扇大门。"日本企业家松下幸之助则直截了当地表达了自己的看法，他认为："企业管理过去是沟通，现在是沟通，未来还是沟通。"互联网时代，让沟通更加便利，足不出户、无须面对面就可以实现沟通。沃尔玛创始人山姆·沃尔顿认为："沟通是管理的浓缩。"事实上，人力资源管理的半数工作都需要借助沟通。可以说，没有沟通，人力资源管理工作也会随之停止。

网络信息化给沟通提供了更好的平台，丰富了人们沟通的方式、方法。即使是性格内向、不善于言谈的人，也可以进行顺畅的沟通。互联网改变了人们的交流方式，也改变了人力资源管理的方法。互联网时代的信息化沟通给人力资源管理带来了哪些积极影响呢？

一、人力资源结构组成发生变化

传统的企业人力资源结构几乎是按照企业分工制,按照职级、岗位进行分配定岗。这种模式是一种固定模式,如同建造一栋摩天大楼,一经盖成,便无法改造或者挪动。互联网时代的人力资源结构有了较大的变化,它就像一个随时可以变化的建筑物,可以变化出无数形状。随着互联网信息化工具的出现,这种变化更趋于理性。与此同时,在互联网沟通工具的影响下,一种新型的社会关系也会呈现出来。在这种新型的社会关系的影响下,人力资源结构将会发生变化,比如岗位的跨界和人才的跨界。

二、员工自身价值观发生变化

传统时代,员工的价值观属于灌输型的。企业通过开会、布置任务、文化宣传等方式培养员工的价值观。互联网时代,这种影响力可以忽略不计。互联网是一个万花筒,里面混杂着各种"价值观"式的东西,只要人们接触到互联网,就有可能被它改变。有人说:"互联网是有毒的!"但是如果企业管理者能够利用互联网信息化工具进行正面传播,就会对员工产生积极的影响。与此同时,企业管理者及人力资源部门只要加强与员工的沟通,借助符合潮流的方式方法,就能培养员工正确的价值观。另外,企业也要适应社会的发展,根据社会的变化而选择与之相适应的人才管理模式和价值输出模式。

三、有助于员工宣泄情感

如今,员工工作的压力很大。举个例子:有些员工在自己封闭的工作岗位上,整日面对机器不停地工作,精神十分疲劳,甚至感到厌倦。有人认为:缺乏新鲜感的反复工作会导致心理疾病。随着时间延长,员工厌恶情绪增强,工作效率开始下降。如果企业有相关的沟通平台,就可以随时与员工保持沟通,给员工鼓励,帮助员工宣泄情感,为其卸下思想包袱。另外,互联网信息化沟通工具有匿名效果，能够有效保护员工的隐私。比如，北京有一家科技公司，该科技公司内设有相关的娱乐休闲设施，员工在工作休息时间可以进行放松娱乐，如打台球、乒乓球、K歌等活动。有数据表明，这样的方式可以有效缓解员工的精神疲劳。

四、对人际关系维护有良好效果

某企业老板，建立了几个微信群。这个老板经常在微信群里与员工交流、发发红包、唱唱歌、开开玩笑，群里气氛十分融洽，像一个家庭一样。老板姓姜，员工见了他理应称为"姜总"，但是大家都亲切称呼他为"姜哥"。很显然，老板的沟通十分有效。人际关系得到改善，人力资源管理工作也就顺畅多了。

互联网时代的信息化工具虽然有利有弊，但总体还是利大于弊。只要能够坚持正确的人际交往理念，彼此尊重，就能够取得良好效果。

▶ 沟通的四大目的

有一个音乐会主持人，准备第二天出席一个重要的音乐盛典。为了这个盛典，她特意定做了一条珍珠项链。拿到珍珠项链后，主持人试戴一下，发现珍珠项链有点长，戴上去给人一种脖子长的感觉。她的助理和其家人看到后问："需要调整一下吗？"主持人说："效果差一点，但是也可以戴！"

主持人晚上有约，与助理早早出了门。主持人的母亲认为主持人的舞台形象特别重要，不能有差池，于是就自作主张，从珍珠项链上摘下两颗珍珠。珍珠项链变短了，就不会给人一种脖子长的感觉了。无独有偶，主持人的妹妹也突然想起这件事，于是也摘下两颗。第二天一早，助理去取项链。当她想起珍珠项链很长时，竟然又摘下两颗珍珠。

音乐盛典之前，主持人进行补妆、更衣。当她准备戴珍珠项链的时候，发现珍珠项链根本无法戴上。无奈之下，她只能临时"借"来一条项链出席了音乐盛典。

这种尴尬的事情常常发生，也是一个"好心办坏事"的典型事例。说到底，还是沟通不畅造成的。俗话说，一切从沟通开始。有效的沟通，才能起到管理效果；无效的沟通，甚至会起反作用。沟通到底有怎样的作用呢？在企业管理中，有效沟通可以消除隔阂、建立情感、传达信息、达成共识。只有做到有效沟通，管理者才能实现沟通的四个目的。

一、提升员工的自信心和归属感

一个企业有许多员工，但是并不代表所有的员工都有安全感和自信心。有些员工性格内向，不善言辞；有些员工甚至是自卑的，没有安全感；有些员工缺乏归属感、忠诚度。因此，管理者或人力资源管理部门要常常与员工进行沟通、交流，打开员工的心扉，让员工感受到企业的关怀。员工内心得到释放，才能逐渐建立起自信，并产生归属感。比如，有一些公司成立了"心灵辅助"部门，部门负责人常常对员工进行沟通、疏导，帮助员工更好地适应公司环境。

二、提升员工的工作绩效

前面我们讲过绩效考核和绩效面谈的重要性。绩效面谈就是一种沟通方式，这种方式是建立在绩效考核体系基础上的沟通。这是否意味着，除了绩效沟通，其他方面的管理就不需要沟通了？当然不是。沟通工作是多方面、多维度的，工作绩效仅仅只是一个方面而已。想要从根本上提高员工的工作绩效，还应该进行多维度的沟通，如情感沟通、思想沟通、经验交流等。沟通不仅仅是聊天说话，还是一种辅助与辅导。许多企业通过沟通的方式提升了员工的工作绩效，并且让员工掌握了新的工作方法。

三、通过沟通建立"同理心"

什么是"同理心"呢？就是一种心理换位、将心比心。举个例子：某企业召开交流会，员工向企业表达了相关诉求。该企业负责人不但不体谅员工，反而站在企业的高度高谈阔论。员工看到企业负责人的这番姿态，表现出一种极度失望的情绪。同理心是一个心理学概念，是设身处地地站在员工角度与之沟通，不仅保护员工个人利益，还能够与员工产生共鸣、达成一致。就像有位企业家的看法："成为员工的同路人，员工才会跟着你走。"

四、建立长久合作关系

有时候，我们把沟通当成一种"润滑剂"，关系紧张或出现摩擦的时候用一用，会起到很好的效果；有时候，我们把沟通当成一种"安慰剂"，用一用可以缓解员工的紧张情绪、解除思想困惑；有时候，我们还把沟通当成一种长效"稳定剂"，经常用一用就能够让"企业—员工"关系保持和谐稳定。由此看来，有效的沟通可以建立起一种长久的合作关系，让员工在企业安心工作。

通用电气前 CEO 杰克·韦尔奇认为："管理就是沟通、沟通、再沟通。"管理者想要做好人力资源管理工作，就要从"沟通"开始！

▶ 掌握有效沟通的五大技巧

沟通是一种工具，更是一种智慧。中国古代也存在一些"沟通达人"。《战国策》中记载这样一个故事：战国时期，秦国进攻赵国。赵国向齐国求救。齐国想出一个"牵制之术"，要求赵太后送小儿子去秦国做质子，才肯派兵援赵。赵太后不肯，左师公触龙便生出计谋劝说赵太后：凡事要从长计议，况且小皇子领过大量奖赏和封地，却没有为国家做出过任何贡献。只有为国家立过大功，以功臣身份回国，才可以站稳脚跟、让众人臣服。经过触龙的劝说，赵太后终于同意，送小儿子长安君入秦做了质子，赵国得到齐国援助后方摆脱被秦国吞并的危险。

这个故事是古人"成功沟通"的经典案例。触龙之所以能够说服赵太后，是因为他不仅晓之以理、动之以情，而且还采取了很多沟通技巧，让赵太后看清了利害关系，最后做出了正确选择。虽然这是下级劝说上级做决策，但是沟通作用是相似的。企业管理者在推行人力资源管理的过程中，也会遇到各种阻碍，解决阻碍也要借助"沟通"这种工具。由此看来，掌握有效的沟通技巧就显得非常有价值了。通常来讲，有效沟通的技巧有以下五种。

一、尊重为先

尊重他人是一种美德，尊重他人的同时才能得到他人的尊重。尊重是沟通的前提。英国哲学家约翰·洛克认为："一种天性的粗暴，使得一个人对别人没有礼貌，因而不知道尊重别人的倾向、气性或地位。这是一个村鄙野夫的真实标志，他毫不在意什么事情可以使得与他相处的人温和，使他尊敬别人，和别人合得来。"尊重别人有三方面的表现：一是讲话不要先入为主，要给予缓冲余地；二是不要轻易否定别人的看法，或者故意打断对方的谈话；三是对事不对人，时刻保持微笑或倾听的姿态。只有这样，才能让对方感受到尊重。

二、借助提问

许多人能够借助有效的提问一层一层解开真相，并解决问题。因此，管理者或HR专员在沟通之前应该明确沟通目的，提前准备问题。提问方式有两种，即开放式提问和封闭式提问。开放式提问，就是采用"为什么""怎么"等提问方式获取较大范围的信息。封闭式提问，则是得到对方"肯定"与"否定"的回答，比如你是否认为合理？合理的、具有引导价值的提问往往能够打开局面，找到问题的根源。

三、善于倾听

倾听是一种无声的沟通。倾听在沟通中有四种作用：一是控制自己的情绪，用更多精力关注对方的言行；二是用更多精力进行思考；三是让对方感受到尊重与信任，让对方有坦露真相的勇气；四是维护对方尊严，同时避免因自己的错谈而影响沟通进度。大艺术家莫里斯说过一句话："要做一个善于辞令的人，只有一种办法，就是学会听人家说话。"因此，倾听对沟通效果有极大的促进作用。

四、准确表达

有些管理者与员工说话总是吞吞吐吐、言辞不清，抑或逻辑表达有问题，给人一种不知所云的感觉。管理者做沟通工作时，如何才能准确表达呢？首先，沟通要有目的性，这种目的性往往以公司利益和员工利益为主，比如薪水待遇问题、岗位问题、晋升问题等，抓住问题关键，始终围绕问题展开沟通就不会跑题。其次，讲话要言简意赅，不要"兜圈子"。有些人认为，"回旋"的过程能够观察对方的反应。其实这样做，并不利于沟通。只有管理者能够准确地表达自己的想法和看法，员工才能够从沟通中得到自己的所需。

五、有效反馈

有效反馈，就是管理者在沟通结束后，一定要给对方回应。如果员工希望得到你的评价或看法时，管理者一定要及时给予正面的、具体的、肯定的、对事不对人的答案。员工得到有效回应，才会继续找你倾诉，从而建立起沟通关系。

有一位企业家说："管理，有 70% 的时间在做沟通。"能够做好有效沟通，才能做到高效管理。高效的人力资源管理离不开有效沟通。

▶ 跨部门沟通的八大原则

某企业人力资源部 HR 专员小李接到一个任务，帮助生产技术部临时借调两名电工。按照小李的话说，这种工作必须要做好部门协调工作，如果处理不好，还有可能得罪人。但是小李偏偏又是性格内向、不善言辞的人。

为了帮生产技术部找到电工，他分别去了三个配有电工的部门：配电办公室、机电科、设备维修部。经过几天协调，依旧协调未果。无奈之下，小李只能将情况如实汇报给人力资源部部长，部长给三个部门通了电话，问题得到了解决。小李从机电科协调两名电工去了生产技术部，生产技术部部长对小李的工作颇为满意，并向小李表达了谢意。但是小李无论如何也高兴不起来，他心里明白：协调工作完全是部长帮忙完成的，他只是代为跑腿而已。

每一个部门都是一个"独立个体"，一个企业里有许多这种"独立个体"。平时，这些独立的部门并不常打交道，但是遇到有交集的工作，两个独立的部门就不得不打交道。对于人力资源部门而言，与不同的部门打交道不是偶然，而是常态！因此，人力资源部门专员只有掌握跨部门沟通的原则，才能够把沟通、协调工作做好。跨部门沟通有八大原则。

一、提前准备

跨部门沟通，一定要做好事先准备工作，比如准备相关材料、问题。相关材料有公司、部门文件，相关人事文件或档案文件等；相关问题，就是与沟通业务相关的问题，比如你们需要人力资源部门协调什么事情？这样处理是否可行？能否制订一个可行的计划？俗话说，不打无准备之战，做好准备工作，才能有条不紊地做好其他衔接工作。

二、建立情感

如果没有情感基础，人与人之间的沟通会显得十分尴尬，这也是"语言不通"的一种表现。想要解决这个问题，就需要加深彼此的认识、建立起一种情感。如多进行一些互动，套套近乎。总之，关系近了，语言通畅了，问题就解决一半了。

三、诚实为上

沟通的基础是开诚布公，即给人一种实实在在的感觉。对方觉得你实在、真诚，有沟通的意愿，才会与你建立沟通关系。如果凡事都留着心眼，隐瞒事实，一旦被对方发现，沟通也就停止了。因此，真诚地打开自己的心扉，才能靠近对方。

四、注重事实

有些 HR 工作人员担心得罪人,就采取一种避重就轻的谈话方式,话题绕来绕去,总也落不到事实上面。如此一来,寻求解决方法的一方也会失去耐心。HR 工作人员要给予自己勇气和信心,不要担心得罪人。注重事实真相,才能找出解决问题的办法。

五、空间选项

有些部门对 A 选项不感冒,可能对 B 选项感冒。HR 工作人员要在沟通协商过程中动用自己的智慧,尽量为对方多提供"选项",让沟通协调工作保持一种弹性。A 不行、B 不行……总有一个选项符合对方要求。

六、目标一致

通常来讲,HR 工作人员是带着任务来的。沟通另一方,则有着与之不匹配的愿景。如果任务与愿景不同,就会造成冲突。因此,HR 管理人员要学会平衡双方利益,找到一致目标。有了一致目标,双方朝着同一个方向努力,才能解决问题。

七、营造气氛

有时候,跨部门沟通谈判是极为艰苦的,甚至是气氛紧张、充满火药味的。如果 HR 工作人员能够幽默一点,或许能够缓解紧张局面,营造轻松氛围。还有一些人善用赞美的话语,反倒能拉近彼此间的距离。

八、尊重其他人和其他部门权力

每一个部门,都有自己的权限。俗话说,芝麻小官也有权。HR 工作人员不要小看这点"权",虽然不起眼,却代表着部门尊严、岗位尊严、个人尊严。尊重权力,就是尊重对方。如果与部门领导沟通,要尊重、慎重;与部门员工沟通,要尊重、稳重。

除了以上八大原则,管理者或者HR工作人员还要学会倾听、注重换位思考。只有知己知彼、彼此信任,才能做好跨部门沟通工作。

▶ 互联网时代的"人才激励"

为了激发员工的工作积极性,许多企业都采取激励策略。比如,有些企业采取奖金刺激法,鼓励员工多劳多得;还有一些企业采取晋升激励法,只要对企业有贡献,就会得到老板的关注,成为企业的红人。有一些企业却不按照常理出牌,论资排辈问题突出。

有一家企业,论资排辈现象特别严重。有些员工说:"在这个企业工作,没有能力不要紧,有资历、有辈分就可以。"许多员工为了"当官",不惜选择"熬"的方式。

所谓"熬",就是熬日子,熬班。"熬"是一个很形象的词,就是持续时间长、坚持一种"不温不火"的状态。换句话说,"熬"就是"混"。在这个公司工作,全凭"熬"出头。在这个企业里,某某人当上了领导,大家都会评论:某某终于熬出头了。"熬"是一种非常讽刺的说法,也是对这家企业"论资排辈"现象的一种讽刺。

这家企业始终采取这种"熬"的用人方式,选拔上来的"人才"几乎都是泛泛之辈。没有被选上的人,也没有任何积极性,选择一种排队"熬"的方式。后来这家企业就跟不上发展形势。领导能力不足,员工也没有上进心,致使该企业在互联网时代破产。

互联网时代的用人,更能够体现"精英精神"。所谓"精英精神",就是凭借自己的能力解决问题。古人能"任人唯贤"。贤，就是一种贤能、本领。互联网时代的人才激励，就是要刺激贤能，让人性得以绽放。通常来讲，互联网时代有三种人才激励模式。

一、战略激励

战略激励，就是以企业战略目标为中心的激励手段。每一个企业都有战略目标，能够实现战略目标的企业有着较强的市场竞争力。许多管理者采取一种奖励与战略目标挂钩的激励手段。例如，某企业为了三年后上市，采取一种"贡献"奖励，贡献越多，奖励就越多。奖励手段很丰富，有奖金奖励，也有晋升奖励。俗话说，劳有所得。为企业做出多少贡献，就能够得到多少奖励。这种付出与得到成正比的激励手段非常值得推广。战略激励往往与企业的长期战略有关，而且战略激励是一种"长效"激励模式，能够对员工进行持续不断地激励。当一个企业某个"战略"结束之后，再进入另外一个"战略"。

二、才能激励

古人就有"唯才是举"的说法，选人、用人，让有才能的人当选，因此也就有了"能者上、庸者下"这句话。唯才奖励的方式，古代就有。这种激励方式放至当今也并不过时。激励贤能，就是一种对正确价值观、科学用人观的践行。习近平总书记在全国组织工作会议上讲："我们党历来高度重视选贤任能，始终把选人用人作为关系党和人民事业的关键性、根本性问题来抓。治国之要，首在用人。也就是古人说的：'尚贤者，政之本也。''为政之要，莫先于用人。'"因此，激励贤能通常是符合时代潮流的激励手段。深圳的一家企业根据个人的能力划分岗位，比如技术岗位和管理岗位，这些岗位并不是"普通"的岗位，而是拥有"高奖金系数"的岗位。员工凭借自己的才能获得这些岗位，并从这样的"特殊岗位"上获得高工资和高福利。

三、人性激励

有人说，人性激励才是管理真谛！管理大师查尔斯·汉迪曾经提出一种人性激励方法，这种人性激励管理由四部分组成，即宙斯管理、阿波罗管理、雅典娜管理、狄俄尼索斯管理。不管采取哪一种方式，都能够通过激励人性让员工产生巨大的能量。人性激励，更能体现人的价值。互联网时代的"人性绽放"，恰恰是人性价值的体现。激励人性，员工的价值得到实现，自然能带动企业发展。

互联网时代的人才激励，更能够体现人的价值和人的激情。只要员工的工作激情得以释放，就能够为企业创造财富。

合理授权：提升员工能动性

有一句话叫"你做事我放心。"如果有领导、朋友对你说这样的话，对你一定是十分信任的。把重要的事情交给信任的人去做，同样也是一种聪明的做法。就像通用电气前CEO杰克·韦尔奇说过的一句话："管得少，就是管得好。"管理者不是哪吒三太子，没有三头六臂，有优点也有缺陷，不可能样样精、样样行。某企业家说："善于用人等同于善于授权。"经营之神松下幸之助也有同样的看法，他认为："用他，就要信任他；不信任他，就不要用他。"

某化工企业，该企业采购的原材料正处于剧烈波动期。为了能够采购到物美价廉的原材料，该企业老板直接将采购权授予一线采购员工：只要价格合适，就有拍板采购的权力。另外一家公司则完全相反，老板一手抓采购。这位老板说："供应是企业的命根儿，只有亲手抓才放心。"

两家企业，采取了完全不同的两种经营方式。采用授权的企业，得到授权的采购经理对市场掌握得一清二楚，采购决策总能跑在市场前面，为企业采购的原材料物美价廉。另一个企业，一手抓采购的老板却犯了难，不断平衡原材料价格，却错过最好的采购时机。结果导致采购成本上升，每生产 1 吨产品就会增加 70 元的开支。前者企业，发展得极为快速；后者企业，却一直在原地踏步。事实证明，合理授权比独揽大权更有效果。

合理授权是一种科学管理。或者说，合理授权是一种提高员工能动性的方式，也是优化人力资源管理的良好方法。管理者采取"合理授权法"不是为了自我减负，而是为了更好地执行工作。

一、合理授权是一门艺术

有一个词叫"事必躬亲"，就是每一件事都要亲手做。历史人物诸葛亮就是这样一个人物。古人对他的评价是：鞠躬尽瘁、死而后已。独揽大权，唯恐别人不行，其实是一种不信任他人的做法。倘若信任下属，为何不交给下属打理呢？

授权是一门艺术，并不是一种"在其位不谋其政"的表现。事实上，领导授权也是一种职责。通过合理授权取信自己的下属，让下属承担重要的工作，于公于私都是一件好事。

二、合理授权是一种鼓励

就像前面说的那句话：你做事我放心。许多人听到这句话，都会获得一种信任的力量。有一个企业员工得到授权后，高兴地说："老板信任，更要把事情做好，这叫不辱使命！"那些没有得到授权的人，依旧认为自己只是一个"跑腿先生"，根本体现不出自己的价值。还有人说，授权能够满足员工的种种需求。仔细分析一下，合理授权确实能够满足员工以下三种需求。

1. 面子需求

得到授权，完全是上司给面子。人都是脸皮动物，面子上能够顾及，通常也会做出积极反馈。

2. 内心需求

得到授权，也是上司对自己的重视和尊重。通常来讲，重视你才会给你权限。满足了内心需求，员工会产生一种由内而外的动力。

3. 价值需求

每个人都有展示价值的需求，互联网时代的人才更是如此。授权，就是以人为本的表现。授权给员工，也是让员工展现价值的最好方式。能够满足员工展示价值的需求，就能够提高员工的工作能动性。

克莱斯勒董事长本·比德维尔说过一句话："管理层次越少越好。"减少管理层次的最好方式不就是授权吗？另外，扁平化管理的核心也是授权。由此看来，合理授权也是一种人力资源管理手段。

▶ 感情管理的重要性

人是有感情的，人与人之间同样也靠感情维系关系。如果没有了情感维系，一个团队就会分崩离析。

> 某企业老板，是一个非常宅心仁厚的人。每逢过年，他都会亲自走访退休老员工并送上过年红包。许多退休老员工非常感激这位老板，评价这位老板是个注重感情的好人。
>
> 每年夏天，这位老板常常会穿着工作服，穿梭于各个生产车间。生产车间噪声很大，而且非常炎热，这位老板一边流着汗，一边为员工盛绿豆汤降温消暑。车间员工非常感动，即使条件艰苦，也能发挥出100%的工作激情。
>
> 这位老板还为员工子女建立了"教育基金"，凡是员工家中有子女上学的，每个月给予120元子女教育补贴。钱虽然不多，却是老板的一番心意。久而久之，这个企业形成一个传统：老员工退休，老员工的子女"顶

班"为企业继续贡献力量。这家企业有一个企业文化口号:企业就是家,员工就是我们的家人。凭借这种感情管理,这家企业成为当地第一家上市的公司。

什么是"感情管理"呢?就是企业管理者通过真挚的感情与员工建立起一种互通、互信、互敬、互爱的关系,从而满足员工的感情需求,实现和谐管理。感情管理能够突出几个关键词:尊重、关心、信任、爱护、理解、引导。如果能够在管理中做好这六点,就能实现企业与员工之间良好的情感沟通。

一、尊重

著名哲学家笛卡尔有句名言:"尊重别人,才能让人尊敬。"中国也有"敬人如敬己"的说法。每个人都有对尊重的需求。按照马斯洛的"需求层次论",尊重需求是一种较高层次的感情需求。如果一个人得到尊重,整个生命会呈现出光芒。老板尊重员工,让员工能够体面工作、体面做人;员工也会尊敬老板、拥护老板,维护老板的权威形象和企业形象。

二、关心

世界上最宝贵的情感,就是关心。父母关心子女,老师关心学生,老板关心下属。有了关心,就多了一份亲情。有位哲人说:"关爱让我们体味人间温暖。"如果一名员工在充满人情味的企业里上班,一定会非常幸福。有人说,幸福比就是产出比。某企业的一位员工说:"如果一名员工能够得到老板的关心,心里一定会是暖暖的,并充满了感激之情。"

三、信任

世界上,80%的矛盾是缺乏信任导致的。没有信任,就会产生离心力。企业发展,需要凝聚力而非离心力。想要把员工的力量拧成一股绳,就要信任他们,给他们信任的力量。前面讲到"授权",授权就是一种信任方式。

四、爱护

人们常常把"关心"与"爱护"放在一起,说明两个词是词性相近、重量相等的。爱护是建立在关心基础之上的,能够将感情关系升华到更高的层面上。老板爱护员工,为员工提供一个"爱的港湾"。员工在充满爱的企业里工作,心灵得到了呵护和慰藉,自然就会对企业产生归属感。

五、理解

老板对员工的理解,是一种换位思考,就是站在员工利益上思考问题、解决问题。有一个著名的"二八法则",一个企业80%的价值是员工创造的。因此,一个能够顾及员工利益的老板,也就能够掌握80%的企业资源。理解,同样是人力资源管理的工具。

六、引导

感情引导是非常重要的教育方式。从某种程度上讲,企业管理者就是一名老师,员工就是他的学生。管理者长期对员工进行正确的感情引导,员工才能树立正确的价值观。

除此以外,企业管理者还要营造和谐的工作氛围,为员工搭建自由交流的公共平台。感情管理做到位,员工拥有更多的工作热情和工作动力,就会为企业发展带来驱动力。